Sherlock Holmes in Bremen

Sherlock Holmes in Bremen

Karina Skwirblies

MORD im Schnoor

Carl Schünemann Verlag

Handelnde Personen

* Sherlock Holmes alias Jack Jones alias Mister Fielding
* Johannes Hellmann alias Walter Schmidt, Apotheker
* Bruder Hinnerk Hellmann, Kaufmann
* Vater Wilhelm Hellmann, Kaufmann
* Antje, Hausmädchen
* Sophie Brehm, Hilde Brehm, Tante Grete Schütte, wohnen im Haus gegenüber
* Friedhelm Beck, ermordeter Fischer
* Line Beck, seine Witwe
* Kommissar Karl Meier, Kommissar Wätjen
* Im Wirtshaus »Zur Krabbe«: Knut Hartje, Tammo Hartje, Ludwig Hartje, Barbara, Köchin
* Sven Schnakenberg, Lagerarbeiter
* Gustav Kirchner, Binnenschiffer
* Artur Bruns, Kaffeehändler
* Anna, Waschfrau und Gelegenheitsdirne
* Tante Käthe, Packhausaufsicht
* Stephan und Grietje, Freunde von Hellmann
* Opfer der Raubüberfälle: Hartmut Krummnagel, Maria Naumann, Herta Wernicke, ihr Verlobter Gerd Meyerdirks, Hubert Großheinrich, Gertrud Finke
* Otto Nägele, Küster
* Dörte Denken alias Trine Harms
* Herr Ratzewill Diamantenschleifer aus Idar-Oberstein

Kapitel 1

Schon seit Stunden prasselte der Regen unaufhörlich gegen das Fenster des Wintergartens, in dem ich verdrießlich an einem Tisch vor diversen Büchern saß. Es war ein scheußlicher Novembermorgen, und ich hatte wenig Lust, mich der Buchhaltung zu widmen. Doch ich war bereits einige Monate in Verzug und konnte mir eine weitere Verzögerung nicht leisten. Mühsam rechnete ich unzählige Zahlenkolonnen zusammen und ließ mich dabei immer wieder durch den Wind ablenken, der die Äste der Birke vor dem Haus peitschte. Doch im Grunde interessierte mich weder der Baum noch der Wind, sondern vielmehr das Haus auf der anderen Straßenseite.

Dort war vor einigen Wochen ein neuer Mieter eingezogen, der ein sehr seltsames Gebaren an den Tag legte. Selten stand er vor elf Uhr des Morgens auf. Und wenn ich spät in der Nacht nach einem Glas Wasser ins Souterrain ging, konnte ich sicher sein, Licht im gegenüberliegenden Wintergarten zu sehen. Ein merkwürdiger Mann mit einer markanten Hakennase saß im Lehnstuhl und schmauchte an seiner Pfeife. Oder er hantierte mit allerlei Reagenzien umher, die auf einer Platte direkt an der Fensterbank standen. Schon von Berufs wegen hatte mich die Neugier gepackt. Als Apotheker kannte ich mich mit Chemikalien aus. Doch darauf, was dieser Fremde da an Qualm, farbigen Funken und brodelnden Flüssigkeiten fabrizierte, konnte ich mir keinen Reim machen.

Ich überlegte gerade, ob ich mir von unserer Haushälterin Antje einen weiteren Kaffee bringen lassen sollte, als es an der

Tür klingelte. Schlurfenden Schrittes ging Antje zum Eingang und öffnete. Hundegebell erklang sowie eine tiefe Stimme, die eine Entschuldigung murmelte. Gleich darauf stürmte mein Hund zu mir in den Wintergarten. »Hektor, du alter Racker, wo kommst du jetzt her?«, rief ich erstaunt aus und kraulte dem kleinen Terrier den Nacken.

»Er stand vor meiner Tür und bettelte um eine Leckerei«, erklang eine tiefe Stimme neben mir. »Dies hat er sich wohl bei dem jungen Fräulein angewöhnt, das vor mir mit ihrer Mutter in der Wohnung gelebt hat.«

Überrascht blickte ich auf. Ungebeten in ein fremdes Wohnzimmer einzudringen, entsprach nicht den hiesigen Gepflogenheiten und war kurz gesagt eine Unverschämtheit.

»Entschuldigen Sie bitte mein freizügiges Verhalten«, sprach der hagere Mann weiter, in dem ich nun meinen Nachbarn von gegenüber erkannte, »aber Ihre treue Seele bat mich, sogleich einzutreten. Sie vertraut mir, da ich schon einige Male ihren schweren Einkaufskorb vom Markt bis in die Küche getragen habe.«

Ein noch stärkeres Befremden packte mich. Dieser Nachbar, der für mich wie ein unauflösbares Geheimnis erschien, war bereits bis in unsere Küche gelangt, ohne dass ich es bemerkt hatte?

»Und da Sie für meine Person eine gewisse Neugier entwickelt haben, dachte ich mir, es sei das Beste, mich einfach persönlich vorzustellen«, fuhr der Eindringling fort.

»Woher wissen Sie …?«, bemerkte ich peinlich berührt. Als ich mich erhob, um den ungebetenen Gast widerstrebend zu begrüßen, wurde mir bewusst, dass ich noch in Pyjama und

Schlafrock gekleidet war und keine gute Figur machte. Auch war er rund einen Kopf größer als ich und strahlte eine alles beherrschende Willenskraft aus.

»Sie beobachten mit großem Interesse meine chemischen Experimente, wie ich bemerkt habe. Was naheliegt, da Sie der Geselle des Apothekers der Einhorn-Apotheke am Dobben und vermutlich sein Neffe sowie selbst studierter Pharmazeut sind. Außerdem verbinden Sie tiefe Gefühle mit meinem Wintergarten, da Sie dort bis vor Kurzem Sophie Brehm, die Dame Ihres Herzens, beobachten konnten. Diese erwiderte Ihre Gefühle, und Sie unterhielten einen regen Schriftverkehr über die Straße hinweg. Mit Ihrem gebrochenen Arm können Sie im Moment zudem nicht in der Apotheke tätig sein und verbringen den größten Teil des Tages in diesem Wintergarten. Da ist es nur natürlich, wenn Sie ein gewisses Interesse für Ihre Umwelt und meine Person an den Tag legen.«

Antje stand bei diesen Ausführungen verlegen in der Wohnzimmertür, und ich blickte sie nun erbost an. Hatte sie sich erdreistet, private Dinge aus unserem Haushalt auszuplaudern? Doch sie zuckte nur mit den Schultern und schüttelte wortlos ihren Kopf.

»Ihre Haushälterin ist unschuldig«, schmunzelte der Besucher, »sie hat mir nichts verraten. Alles, was ich Ihnen erzählt habe, ist offensichtlich. Die Tränen, die die junge Dame bei ihrer Abreise vergossen hat, und die Blicke zu Ihrer Wohnung haben mir alles gesagt. Auch Ihre eigenen melancholischen Blicke in die Richtung meines Wintergartens sowie Ihre Gewohnheit, abends so manches Glas Wein zu trinken, weisen auf einen großen Abschiedsschmerz hin. Außerdem neigen

Sie ein wenig dazu, sich gehen zu lassen«, bemerkte er mit einem Blick auf mein Äußeres. »Die Untätigkeit wegen des gebrochenen Arms befördert diese Nachlässigkeit. Ihre Urkunde über das pharmazeutische Studium in Marburg hängt im Übrigen für jedermann sichtbar in der Apotheke.«

Ärger stieg in mir auf, doch fühlte ich mich zugleich ertappt und beschämt. So ganz unrecht hatte er nicht. Der Bericht über den tränenreichen Abschied meiner geliebten Sophie erfüllte mich dagegen mit wehmütiger Freude. Hatte also auch sie sehr unter der Trennung gelitten.

»Darf ich Ihnen eine Tasse Kaffee und ein Stück Klaben anbieten?«, fragte ich darum versöhnlich. »Wo wir nun mal Nachbarn sind. Der Klaben ist vorzüglich und eine Bremer Spezialität, die nur in der Vorweihnachtszeit gebacken wird.«

»Herzlich gerne«, antwortete unser Gast. »Gestatten Sie, dass ich mich Ihnen endlich vorstelle. Mein Name ist Sherlock Holmes.«

»Angenehm«, erwiderte ich, »mein Name ist Johannes Hellmann, und ich bin Apotheker, wie Sie ja bereits wissen.«

Ich wies Antje an, den Kaffee und das Gebäck zu bringen und bot unserem Gast einen Platz an. Er setzte sich in einen der bequemen Sessel im Wintergarten und blickte sich forschend um. »Es ist angenehm warm hier im Unterschied zu meinem Domizil«, stellte er fest, »aber ich sehe keinen Ofen.«

»Wir haben eine Zentralheizung«, berichtete ich stolz. »Es ist eine der ersten Warmwasserheizungen in Bremen. Das Wasser wird im Keller erhitzt und durch Rohre in die oberen Etagen geleitet. Eine sehr angenehme Erfindung, die den Gestank und den Qualm aus den Räumen verbannt.«

»Diese lobenswerte Erfindung setzt sich bei uns in London ebenfalls durch«, entgegnete Holmes.

Da dämmerte es mir. Ich hatte doch schon von ihm gehört. Im Kaffeehaus am Markt hatte ein Kaufmann von einem Kriminalfall erzählt, bei dessen Auflösung ein Sherlock Holmes und ein Doktor Watson aus London eine zentrale Rolle gespielt hatten. Und die Beschreibung des Detektivs passte exakt auf meinen Gast.

»Sie sind doch nicht etwa *der* Sherlock Holmes?«, fragte ich.

»Ganz recht«, erwiderte der berühmte Detektiv. »Dann wissen Sie vielleicht, dass ich häufig komplizierte Fälle zu lösen habe. So auch jetzt. Wir können gleich in medias res gehen und zum eigentlichen Grund meines Besuchs kommen: Ich brauche Ihre Hilfe bei meinem aktuellen Fall, der mich nach Bremen geführt hat.«

»Meine Hilfe?«, fragte ich verwundert, als Antje mit einem großen Tablett in den Wintergarten trat und dampfenden frischen Kaffee sowie dicke Scheiben Klaben mitsamt süßer Butter vor uns auf den Tisch stellte. Wir widmeten uns deshalb zunächst mit Genuss den Köstlichkeiten.

»Dies ist also eine Bremer Spezialität«, murmelte mein Gast mit vollem Mund.

»So ist es. Ein Hefeteig mit vielen Rosinen und Kardamom. So ein Klaben ist lange haltbar, und die Seeleute nehmen ihn gerne als Proviant mit.«

»Er schmeckt köstlich. Aber zurück zu meinem Anliegen. Ich möchte Sie bitten, mir gelegentlich bei einer Befragung das Plattdeutsche zu übersetzen. Ich bin zwar in der Lage, mich in Ihrer Sprache einigermaßen zu verständigen, aber bei dieser Mundart, die vom einfachen Volk gesprochen wird, hören meine Kenntnisse auf.«

An dieser Stelle möchte ich anmerken, dass sich Sherlock Holmes auf Deutsch nicht so geschliffen ausdrückte, wie ich es in diesem Bericht wiedergebe. Ich habe seine Sätze zugunsten einer besseren Lesbarkeit grammatikalisch und stilistisch verfeinert und hoffe, dass Sie, geneigter Leser, mir diese kleine Korrektur verzeihen.

So begann eine Reihe von Abenteuern, die ich gemeinsam mit Sherlock Holmes erlebte und von denen ich Ihnen nun, nach behördlicher Erlaubnis und nachdem fast zehn Jahre ins Land gegangen sind, erzählen möchte.

Kapitel 2

Nur drei Tage später – ich erinnere mich genau, es war ein Sonntagabend im Jahre 1888 – fand ich mich mit Holmes auf dem Osterdeich wieder. Es war kalt geworden, und ein leichtes Schneetreiben hatte eingesetzt. Die prächtigen Villen auf dem Deich waren hell erleuchtet, und in der Weser spiegelte sich der volle Mond wider. Wir waren auf dem Weg zum Hafen an der Schlachte, wo Holmes mehrere Schänken aufsuchen wollte, in der vor allem Fischer und Hafenarbeiter verkehrten. Mein neuer Nachbar war ein wortkarger Zeitgenosse, was seine Arbeit betraf. Von der Mission, die ihn nach Bremen geführt hatte, war mir nur bekannt, dass er auf der Suche nach einem wertvollen Juwel war, und dass die britische Regierung ihn beauftragt hatte. Mir kamen sofort die Kronjuwelen in den Sinn. Aber über solch einen dreisten Diebstahl wäre sicher auch in Deutschland in den Zeitungen berichtet worden, und ich hatte nichts Derartiges vernommen.

Holmes war in einen schäbigen alten Mantel gekleidet und trug ein Paar Handschuhe, die aussahen, als wären sie von Motten zerfressen. Er hatte sich einen Vollbart angeklebt, eine Brille aufgesetzt und schien eine ganze Ecke kleiner und dicker zu sein. Seine Nase hatte eine rundliche Form angenommen, und das ganze Gesicht wirkte fülliger. Er sah ein wenig ungesund aus und hatte eine gelbe Gesichtshaut mit dunklen Flecken darin. Selbst seine grauen, meist funkelnden Augen schienen dunkler zu sein.

»Sind Sie krank?«, fragte ich besorgt, als er mich zu dem

Ausflug abholte. »Sie sehen aus, als ob es Ihnen gar nicht gut ginge.« Holmes lachte. »Dann ist meine Verkleidung ja gelungen. Es sind nur einige Schminkkünste, die ich in meiner Zeit auf der Theaterbühne gelernt habe. Ich werde noch eine Weile in Bremen ermitteln, und dafür ist es erforderlich, in verschiedene Rollen zu schlüpfen. Es könnte gefährlich für mich werden, würde jemand mein Inkognito lüften. Ab sofort sind wir Mister Jack Jones aus London und Walter Schmidt aus Bremen, vergessen Sie das nicht, das ist ungeheuer wichtig!«, schärfte er mir ein.

Auf seine Bitte hin hatte ich ebenfalls meine älteste Jacke aus dem Schrank geholt. Sie war jedoch viel zu dünn. Der Wind pfiff uns von der Weser her ins Gesicht, und ich fror trotz des Schals und der warmen Mütze. Ich war ein wenig befremdet über unseren Aufzug, doch hatte Holmes eindringlich darauf bestanden, dass wir die Gasthäuser nur in heruntergekommener Gestalt betreten durften. Ich betete zu Gott, dass mir kein Kunde aus der Apotheke begegnen würde, und zog meine Mütze noch tiefer in die Stirn. Vor allem setzte ich meine Hoffnung auf den falschen Schnurrbart, den mir Holmes angeklebt hatte.

»Wie sind Sie eigentlich darauf gekommen, dass Sophie und ich uns regelmäßig geschrieben haben?«, fiel mir urplötzlich ein. »Nur weil mein Hund vor Ihrer Tür gebettelt hat, heißt das nicht, dass ich mit meiner Nachbarin korrespondiert habe.«

»Es war dennoch der Hund, der mich darauf gebracht hat«, beharrte Sherlock Holmes. »Er stand ungewöhnlich oft draußen und wartete auf eine Leckerei. Und wenn er sie gefressen hatte, machte er keine Anstalten, in sein Heim zurückzukehren. Im Gegenteil. Er ließ sich vor der Tür nieder und bellte, sobald ich sie zumachen wollte. Daraus lässt sich schließen, dass er noch auf etwas wartete. Und was konnte dies anderes sein als eine Nachricht, die man ihm an sein Halsband hängen würde. Ich entschloss mich, es auszuprobieren. Und siehe da: Als ich ihm ein Stück Papier ans Halsband gebastelt hatte, kehrte er unverzüglich um. Auf diesem Wege konnten Sie und Ihre Sophie einen regen Austausch über die Straße hinweg halten, ohne dass Ihr Vater oder Sophies Mutter etwas davon ahnten.«

Ich war erstaunt und beeindruckt von diesem merkwürdi gen, aber effektiven Experiment mit meinem Hund.

Meine Gedanken schweiften zu meiner geliebten Sophie, während wir schweigend die Holzpforte entlanggingen und die ersten kleinen Häuser des Schnoors passierten. In der Tat hatten wir unsere Liebe geheim gehalten, dies hatte Holmes richtig erkannt. Als Tochter einer Lehrerwitwe wäre sie meinem Vater, ein erfolgreicher Kaufmann, niemals gut genug gewesen. Dies hatte er durch sein distanziertes Verhältnis zu den neuen Nachbarinnen sofort gezeigt. Dabei waren beide Frauen stets höflich und hatten sehr gute Manieren. Nachdem Sophies Vater gestorben war und nur wenig Erspartes hinterlassen hatte, entschloss sich seine Witwe Hilde Brehm, bei ihrer Schwester Grete Schütte, ebenfalls seit Kurzem verwitwet, in unserer Schönhausenstraße zu wohnen. Tante Hilde hatte reich geheiratet, wie Sophie mir bei einem unserer heimlichen Treffen im Bürgerpark erzählte. Einen Petroleumhändler, der in Pennsylvania viel Geld gemacht hatte und dann zurück nach Bremen gekommen war. Er hatte ihre

Tante geehelicht und das mit viel Stuck verzierte, große Haus uns gegenüber gekauft. Doch nun waren nur noch die Frauen der Familie übrig. Und die wunderbare Sophie war jetzt …

»Wo sind Sie mit Ihren Gedanken?«, riss mich Holmes aus meinen Träumereien. »Meine Frage war, ob es dort hinten immer so turbulent zugeht.«

Ich blickte den Stavendamm entlang in den Schnoor hinein. Vor dem Gasthaus »Zur Krabbe« am Ende des Weges schien sich ein Tumult anzubahnen. Frauen und Männer standen auf der Straße und diskutierten erregt. Sogar einige Kinder liefen neugierig um die Gruppe herum.

»Keineswegs. Dies ist zwar eine Schänke für Seemänner, aber die sitzen lieber drinnen am Tresen. Möglicherweise hat es eine Schlägerei gegeben. Wer hier wohnt, hat wenig Geld. Da gibt es schnell Probleme und Konflikte.«

»So so«, murmelte Holmes. »Dann lassen Sie uns doch in Erfahrung bringen, um was es geht.«

Widerstrebend folgte ich meinem Begleiter, der zielstrebig auf die kleine Menschenansammlung zuging. Der Schnoor mit seinen schmalen Fachwerkhäusern, in denen einfache Handwerker, Zigarrenmacher, Fischer und Seeleute in beengten Verhältnissen lebten, war mir immer suspekt gewesen. Und dass es im Obergeschoss des Gasthauses nicht immer sittsam zuging, hatte sich bis zum Marktplatz herumgesprochen. Was würde Sophie sagen, wenn sie mich hier in diesem Aufzug sehen könnte?

»Was geht hier vor sich?«, sprach Holmes eine ältere Frau an, die ihre Leibesfülle mit allerlei grauen und braunen Tüchern umwickelt hatte.

»Was hier vor sich geht?«, rief sie erregt. »Umgebracht hat sie ihn. Hat wohl die Nase voll gehabt von seinen Frauengeschichten.« Sie fuchtelte mit einem schmutzigen Zeigefinder vor Holmes' Nase hin und her. »Dass ihr Männer aber auch den Hals nicht vollkriegen könnt. Den ganzen Tag saufen und dann …«

»Nu halt mal die Luft an«, mischte sich eine hagere Frau ein. »Was kann denn ihr Mann dafür, dass ihm die Weiber hinterherlaufen? Ist halt ein stattlicher Kerl. Sieht nicht jeder so gut aus wie Friedhelm.«

»Ach was«, keifte die Alte zurück, »wolltest wohl auch was von ihm, wie? Sieht dir ähnlich. Du läufst doch jedem Fischer hinterher, der an deiner Tür vorbeikommt. Wenn sie klug sind, gehen sie schnell weiter. Wer will sich schon eine Witwe mit acht Kindern an den Hals hängen?«

»Aber bitte, meine Damen«, versuchte Holmes die aufgebrachten Frauen zu beruhigen. »Was ist denn mit Friedhelm passiert?«

»Erstochen hat sie ihn«, erklärte die Füllige und stieß Holmes ihren Zeigefinger in die Brust. »Recht geschieht's ihm. Und Sie sehen auch so aus wie ein Hallodri.« Dabei musterte sie ihn von Kopf bis Fuß und schüttelte den Kopf. »Ganz schön heruntergekommen. Was haben Sie hier überhaupt zu suchen? Hab Sie hier noch nie gesehen.«

»Oh, ich bin auf der Durchreise«, erklärte Holmes.

»Ach, so nennt man das jetzt. Auf der Durchreise! Dass ich nicht lache. Obdachlos sind Sie, das erkenne ich auf den ersten Blick!«

Ich musste schmunzeln. Die Verkleidung war uns wirklich gelungen.

»Wenn Sie mal auf ehrliche Weise Ihr Geld verdienen wollen, anstatt zu betteln, dann melden Sie sich bei mir. Tante Käthe, wohnhaft Wüstestätte. Bei uns im Packhaus gibt es immer was zu tun für Leute, die anpacken können.« Dabei taxierte sie mich ebenfalls von oben bis unten. »Und Sie können gleich mitkommen. Sie sehen mir ein bisschen kräftiger aus. Bei uns sind gerade ein paar Männer wegen Schwindsucht ausgefallen. Können gut jemanden gebrauchen.« Mein gebrochener linker Arm war ihr anscheinend entgangen.

»Ich komme auf Ihr Angebot gerne zurück«, erwiderte Holmes, wandte sich ab und bahnte uns einen Weg durch die Menge in Richtung Gaststätte. Auf dem Weg zur Tür schallten uns diverse Kommentare in die Ohren.

»Das war bestimmt der alte Ole. Der war bannig vergrellt auf Friedhelm.«

»Auf den Kopf geschlagen hat er ihn. Er soll in seinem Blut geschwommen sein.«

»Dumm Tüch! Das war eine Frau. Vergiftet, sag ich euch, mit Arsen vergiftet. So wie Gesche Gottfried.«

»Der hat doch immer mit der Anna geschäkert. Die war bestimmt schwanger von ihm, und er wollte nicht zu dem Kind stehen.«

»Ein Verhältnis hat er mit ihr gehabt, das ist so klar wie Kloßbrühe.«

»Hellmann, ich habe den Eindruck, man ist sich über die Todesursache nicht ganz einig«, wandte sich Holmes an mich, als ein hochgewachsener Polizeidiener uns den Weg versperrte.

»Hier können Sie nicht rein«, bellte der Uniformierte.

Holmes kramte aus der Tasche seines schäbigen Mantels ein Papier hervor und überreichte es dem Polizeidiener.

»Ich bin unbegrenzt befugt, in Bremen zu ermitteln«, bemerkte er. »Und dies ist mein Assistent, für mich unentbehrlich.«

Skeptisch betrachtete der Rotgesichtige erst mich und dann das Blatt, nahm augenblicklich Haltung an und gab den Weg zum Eingang frei.

»Selbstverständlich, Herr Jones!« Mit diesen Worten reichte er das Papier zurück, ließ uns passieren und murmelte: »Im Obergeschoss finden Sie Polizeikommissar Meier.«

Ich war erstaunt. Die Mission des Detektivs in Bremen musste von immenser Bedeutung sein, dass er einen derartigen Freibrief für seine Untersuchungen hatte.

Kapitel 3

Wir betraten den schwach erleuchteten Schankraum durch die niedrige Tür – Holmes musste sich ducken –, und augenblicklich rang ich nach Luft. Der lang gestreckte Raum war erfüllt von Tabakrauch, es roch nach Braunbier und Bratkartoffeln. Auf einfachen Holzbänken und Stühlen saßen mehrere Gestalten und blickten uns mürrisch an. Dunkle Holzbalken, die sich an der Decke entlangzogen, verstärkten meinen Eindruck, dass es sich hier um eine düstere Spelunke handelte. Am Fenster neben der Tür lehnte eine zierliche blonde Frau und weinte in ein Taschentuch. Wobei weinen nicht der richtige Ausdruck ist für das Schauspiel, das sie bot. Es war ein Jammern und Klagen, ein Schluchzen und Schniefen, lang gezogene Wehlaute mischten sich mit trompetenartigem Schnäuzen.

»Das muss die Witwe sein«, flüsterte Holmes mir zu und zog mich in ihre Richtung.

»Entschuldigung, Madame«, sprach er sie an. »Sind Sie die trauernde Hinterbliebene?«

Die Frau, sie mochte um die Dreißig sein, blickte uns aus rot verquollenen Augen an. Wäre sie nicht so verheult gewesen, hätte ihr hübsches Gesicht sicher sehr ansprechend gewirkt. »Ich war's nicht«, brachte sie hervor. »Ich hab ihn nur gesucht, weil er schon zwei Tage fort war.«

»Keiner sagt, dass Sie es waren«, versuchte Holmes die junge Witwe zu beruhigen.

»Doch! Der Wachtmeister. Sie werden mich nach Kricks Hotel bringen.« Wieder brach sie in Tränen aus.

»So nennen sie hier das Gefängnis«, raunte ich Holmes zu.

»Mal langsam«, sagte dieser. »Von Anfang an. Schmidt, bringen Sie uns doch bitte etwas Stärkendes.«

Es dauerte eine Weile, bis ich begriffen hatte, dass er mich meinte. Dann besorgte ich beim Gastwirt, der aussah, als wäre er selbst sein bester Kunde, drei Gläser Braunbier.

»Das beste hier im Viertel«, verkündete er stolz. »Aber diese Scherereien jetzt. Die werden mir noch die Gäste vergraulen.«

Ich wusste, dass er unrecht hatte. Die Wirtshäuser, die in Wesernähe lagen, waren bei Seeleuten und Fischern sehr beliebt und machten gute Geschäfte. Und so leicht ließen sich die Gäste nicht abschrecken. Ein Toter mehr oder weniger spielte im gefährlichen Leben der Seefahrer keine Rolle.

Mit den Getränken kehrte ich zu Holmes zurück, der mit der blonden Frau an einem Ecktisch Platz genommen hatte. Schnell griff sie nach dem Bierkrug und tat mehrere kräftige Schlucke.

»Nun erzählen Sie mal. Wie ist Ihr Name, wo wohnen Sie, und was ist passiert?«, fragte Holmes.

»Line heiß ich, Line Beck, und ich wohne mit Friedhelm in der Wüstenstätte Haus 7.« Tränen rannen über ihre Wangen. »Wohnte, muss ich wohl sagen. Er ist ja manchmal spät nach Hause gekommen. Flussfischer ist keine leichte Arbeit, müssen Sie wissen. Die schweren Netze, immer wieder flicken, das Boot reparieren. Da hat er manchmal ganz gerne einen getrunken. Aber er hat gut für mich und unsere drei Kinder gesorgt. Wir haben immer ein bisschen mehr Geld gehabt als die anderen und konnten uns was leisten. Jede hat mich hier beneidet. Alle wollten sie ihn haben, die dummen Weiber.

Aber geliebt hat er nur mich.«

»Er ist dieses Mal länger als üblich fortgeblieben?«, versuchte Holmes das Gespräch wieder in die richtige Richtung zu lenken.

»Ja, zwei Nächte war er nicht zu Hause. Und keiner hat ihn gesehen. Da bin ich los und hab ihn gesucht. Und so ein dreckiger Lumpensammler hat gemeint, dass er bestimmt bei der Barbara ist, die hier kocht. Die hätte ein Zimmer hier oben. Eine Wut hatte ich, das können Sie mir glauben. Wo doch oben diese … na … da sind so Zimmer … für diese Damen … wenn die Seeleute ein Bedürfnis haben. Sie wissen schon. Da verdienen sie sich was dazu. Ich komm also her, frag nach der Barbara, und Knut – das ist der Wirt – sagt, dass sie wohl oben ist, zweite Tür rechts. Ich hoch, mach die Tür auf, und da liegt er. Erschlagen.« Line verbarg schluchzend ihr Gesicht in beiden Händen. »Aber er war schon tot, ich schwör's bei Gott. Er war schon tot, als ich ihn gefunden hab. Ich war's nicht.«

»Wenn dem so ist, werden wir das beweisen und den richtigen Täter finden«, versprach Holmes. »Nur noch eine Frage: Hatten Sie schon immer mehr Geld als die anderen? Ihr Mann war doch nur Flussfischer.«

»Na, erst so seit einem Jahr«, erklärte Line nicht ohne Stolz. »Da gingen die Geschäfte besser, hat Friedhelm gesagt. Er hat mich dann immer schick ausgeführt. Und schauen Sie!« Sie streckte ihre linke Hand aus, an der ein Goldring mit einem kleinen Diamanten funkelte. »Den hat er mir vor drei Monaten zu meinem Geburtstag geschenkt.« Wieder liefen ihr die Tränen übers Gesicht.

»Lassen Sie uns nun den Tatort besichtigen«, wandte sich Holmes an mich und erhob sich.

»Was halten Sie von dem Ring, Schmidt?«, fragte Holmes, als wir die steile Holztreppe hinaufstiegen.

»Ein außergewöhnlich schönes Schmuckstück, und er steht ihr ausgezeichnet. Über so einen Ring würde sich meine Sophie sicher auch freuen.«

»Das meine ich nicht. Finden Sie es nicht etwas zu luxuriös für eine Fischersfrau?«

»Nun, wenn Sie es so sagen. Der war bestimmt nicht billig. So etwas können sich einfache Leute in der Regel nicht leisten.«

»Der Meinung bin ich ebenfalls. Friedhelm muss neben seinem Fischerlohn über weitere Einkünfte verfügt haben. Da könnte durchaus ein Motiv für einen Mord liegen. Das müssen wir im Auge behalten.«

Oben angekommen, gelangten wir in einen engen Flur, von dem einige Zimmer abzweigten. »Wie kann man in derart beengten Verhältnissen nur leben?«, schoss es mir durch den Kopf. Wir steuerten auf eine offene Tür zu, in deren Rahmen ein weiterer Polizeidiener stand. »Kommissar Meier«, sprach er in den Raum hinein. »Hier sind zwei Männer.« Ein älterer, sehr korpulenter Herr streckte seinen Kopf aus der Tür. Ein weißer Backenbart umrahmte sein rundes Gesicht, aus dem uns zwei graue Augen freundlich anblickten.

»Was haben wir denn da?«, fragte er mit sonorer Stimme. »Zwei Kandidaten für den Henker? Oder sind Sie Zeugen, die dringend etwas zu berichten haben?«

»Weder noch«, antwortete Holmes und überreichte erneut

sein Papier. Der Kommissar studierte es mit Sorgfalt und sah dann erstaunt auf.

»Das ist höchst interessant. Sie sind also Herr Jones und wollen hier Ermittlungen anstellen. Und wer, bitteschön, ist Ihr Begleiter?«

»Das ist mein Assistent Herr Schmidt, auf den ich nicht verzichten kann. Würden Sie uns gestatten, einen Blick auf die Leiche und den Tatort zu werfen?«

»Seien Sie willkommen, meine Herren!« Das Gesicht des Kommissars verzog sich zu einem breiten Grinsen. »Ich bin über jede Hilfe dankbar. In zwei Jahren gehe ich in den Ruhestand, müssen Sie wissen.« Er zwinkerte uns zu und hob bedauernd die Schultern. »Und meine Kräfte sind nicht mehr so wie früher.«

Ich war erstaunt über einen derart herzlichen Empfang. Hatte ich doch mit Ablehnung gerechnet und dass der Kommissar sich jede Einmischung in seine Untersuchungen verbeten hätte. Aber wie sich herausstellte, war die Entlastung durch Holmes dringend erforderlich. Kommissar Meiers Gesundheit war stark angegriffen, und an vielen Tagen war er nicht in der Lage, sein Bett zu verlassen.

Kapitel 4

Wir betraten die kleine Kammer, in der Barbara lebte. Es war eine ärmliche Behausung mit schlichten Holzmöbeln. Gerade das Nötigste war vorhanden. Ein Bett, ein wackliger Tisch mit zwei Stühlen, eine Truhe, Waschgeschirr auf einer Kommode sowie ein kleiner eiserner Ofen. Die Dame war allem Anschein nach nicht sehr ordentlich, denn überall lagen Kleidungsstücke verstreut herum, ein Sammelsurium von Dosen befand sich in einer Ecke, und Reste von diversen Mahlzeiten standen auf dem Tisch. Doch der Körper des jungen Mannes auf dem Bett zog unsere Aufmerksamkeit sofort auf sich. Friedhelm lag auf dem Rücken, nur mit einer langen, weißen Baumwollunterhose und einem Unterhemd bekleidet. Seine leblosen Augen starrten an die Decke. Auf dem Kissen unter seinem Kopf hatte sich ein großer Blutfleck gebildet.

»Haben Sie ihn so gefunden?«, wollte Holmes wissen.

»Ja«, erwiderte Kommissar Meier. »Doch jemand muss ihn umgedreht haben, möglicherweise um zu sehen, ob er noch lebt. Die Wunde an seinem Kopf deutet darauf hin, dass er erschlagen wurde, als er mit dem Gesicht zur Wand auf der Seite lag. Hier ist die Tatwaffe. Dies kann nur das Werk einer Frau gewesen sein.« Er deutete auf ein schweres gusseisernes Bügeleisen mit Holzgriff, das neben dem Bett auf dem Boden lag. Holmes nahm es vorsichtig auf und inspizierte es genau.

»Blutspuren und Haare an der Spitze. Eindeutig die Tatwaffe, würde ich sagen. Es muss ein großes Loch im Schädel hinterlassen haben.« Damit wandte er sich der Leiche zu und drehte sie zur Seite. Im Hinterkopf auf der linken Seite klaffte eine tiefe Wunde.

»Schmidt, was meinen Sie als medizinisch Versierter dazu?«

Ich trat ans Bett und musste mich dazu überwinden, den Hinterkopf genauer zu inspizieren. Von dem Toten ging ein unangenehmer Geruch aus, den ich gar nicht näher beschreiben möchte. Verkrustetes Blut hing in den schwarzen Haaren, ein spitzer Gegenstand hatte einen regelrechten Krater hinterlassen. Es sah fast so aus, als hätte jemand mit der Spitzhacke auf Friedhelm eingeschlagen, während er friedlich schlief.

»Ich denke auch, dass das Bügeleisen ein derartiges Loch hinterlassen könnte.«

»Die Sachlage ist klar«, mischte sich Kommissar Meier ein. »Seine Frau kommt ins Zimmer, erwischt den untreuen Ehemann schlafend im Bett, greift zum erstbesten Gegenstand und erschlägt ihn in wilder Eifersucht. Wir werden die Dame gleich mitnehmen, wenn wir hier alles erledigt haben.«

»Wann ist Frau Beck in der Gaststube aufgetaucht?«, fragte Holmes den Kommissar.

»Das muss so um sieben Uhr herum gewesen sein. Es ging alles ganz schnell, erzählt der Wirt. Sie kam zur Tür herein, stürmte sofort die Treppe hoch, und bald darauf erklang ein markerschütternder Schrei. Dem Wirt schwante nicht Gutes. Er folgte ihr, und da stand sie in der Tür zur Kammer. Weiß wie die Wand. Er hat sofort den Polizeidiener rufen lassen und dafür gesorgt, dass niemand das Haus verlässt.«

»Das ist löblich. Aber Line Beck kann ihren Mann unmöglich erschlagen haben«, behauptete mein Begleiter. »Wir haben jetzt etwa halb acht Uhr abends. Sie ist also erst vor einer halben Stunde gekommen. Wie Sie sehen, hat bei dem Toten die Leichenstarre bereits eingesetzt. Er muss folglich schon mindestens eine Stunde lang tot sein.« Zur Demonstration drehte er Friedhelm wieder auf den Rücken, und wir konnten deutlich erkennen, dass sein Oberkörper bereits erstarrt war. »Ich würde sogar sagen, dass die Tatzeit noch länger als anderthalb Stunden zurückliegt. Ich denke, er wurde noch vor sechs Uhr getötet.«

»Mmh«, Kommissar Meier kraulte seinen Backenbart, »so betrachtet ... haben Sie natürlich recht. Wäre ja zu schön gewesen, wenn ein Fall mal einfach und schnell über die Bühne ginge. Dann muss es der Kaffeehändler Bruns gewesen sein.«

Als er unsere erstaunten Blicke bemerkte, fuhr Meier seufzend fort: »Er befindet sich in der Kammer nebenan. Zusammen mit einer gewissen Dame. Der Wirt hat ihm das Zimmer seines Sohnes Ludwig für ein paar Stunden überlassen. Sehen Sie, hier oben befinden sich vier Kammern. Sie werden von dem Wirt Knut Hartje, seinen Söhnen Tammo und Ludwig sowie seiner Köchin Barbara bewohnt. Ludwig ist mit einem Heringslogger auf See und bis heute nicht zurückgekehrt, obwohl er schon seit über einem Monat erwartet wird. Den sieht sein Vater wohl nicht wieder. Tja, und so vermietet er den Raum, wenn sich die Gelegenheit bietet.«

»Und Bruns hat davon Gebrauch gemacht«, schlussfolgerte Holmes.

»Richtig. Er ist noch nebenan mit dieser Anna und darf das Haus bis auf Weiteres nicht verlassen. Sie können gerne mit ihm sprechen. Vielleicht bekommen Sie mehr aus ihm heraus.«

»Und wo sind Tammo und Barbara?«

»Beide verschwunden.«

Holmes zog seine Stirn in Falten und holte ein Vergrößerungsglas aus seiner Manteltasche. »Wenn Sie nichts dagegen haben, würde ich gerne den Tatort etwas genauer unter die Lupe nehmen.«

»Aber gewiss doch. Nehmen Sie, nehmen Sie! Ich nehme derweil unten etwas zu mir. Es strengt mich doch alles sehr an.« Kommissar Meier wandte sich zur Tür und stieg ächzend die Treppe hinab.

Nun konnte ich etwas beobachten, wovon ich bislang nur gehört hatte: Sherlock Holmes inspizierte jeden Winkel der kleinen Kammer und machte auch nicht davor halt, mit seiner Lupe auf dem Boden herumzukriechen. Unwillkürlich musste ich lächeln. Dies war also der große Detektiv in Aktion: eine in Lumpen gehüllte Figur, die sich durch den Staub wühlte.

Er durchsuchte die Truhe und die Kommode, inspizierte jede Dose, nahm die Waschschüssel in Augenschein und schaute in den Ofen. Unter dem Bett holte er schließlich einen Ring hervor.

»Sehen Sie nur, Schmidt! Ein Verlobungsring für eine Frau, wenn mich nicht alles täuscht!«

»Schon wieder so ein teurer Ring«, staunte ich. »Der muss dem Toten aus der Tasche gefallen sein.«

»Das bezweifele ich«, meinte Holmes. »Erstens ist der Ring ganz anders gearbeitet und stammt vermutlich von einem anderen Juwelier. Zweitens ist dieser Friedhelm ein ordnungsliebender Mensch, wie seine sorgsam zusammengelegte Kleidung beweist.« Er wies auf Jacke, Hemd und Hose, die akkurat über einer Stuhllehne hingen. »Er wäre mit so einem wertvollen Ring nicht so nachlässig umgegangen. Nein, dieser Ring stammt von einer anderen Person. Vielleicht wollte der Mörder Barbara diesen Ring schenken.«

»Und als der Mörder nicht Barbara, sondern Friedhelm hier angetroffen hat …«

»… hat er den Ring vor Aufregung fallen lassen«, ergänzte Holmes. »Ja, so kann es gewesen sein. Ein eifersüchtiger Heiratskandidat, der in seiner maßlosen Wut zugeschlagen hat.«

Er wandte sich der Kleidung des Toten zu, durchsuchte sie genau und holte etwas aus der Hosentasche. »Ein Beutel mit reichlich Geldstücken darin. Lauter Münzen zu fünf Mark. Wieso trägt ein einfacher Fischer so viel Geld mit sich herum? Dies ist annähernd der Monatslohn eines Arbeiters.«

Holmes suchte noch eine ganze Weile den Boden ab, während ich tatenlos bei der Tür stand. Angesichts der Leiche auf dem Bett und des unangenehmen Geruchs hätte ich diesen Ort am liebsten verlassen. Andererseits fühlte ich auch die Bedeutsamkeit des Augenblicks, Sherlock Holmes bei seiner Arbeit zusehen zu dürfen. Dabei ging er höchst konzentriert und penibel vor. Er sammelte etwas vom Boden auf und verwahrte es sorgsam in einem Taschentuch.

»Was ist das?«, fragte ich neugierig.

»Pfefferkörner«, war die einsilbige Antwort.

Schließlich richtete Holmes sich auf und erklärte: »Hier gibt es nichts mehr zu sehen. Befragen wir jetzt die Gäste des Hauses.«

Wir verließen die Kammer, und ich atmete erleichtert auf. Zunächst sprachen wir mit dem Kaffeehändler Bruns. Ein hagerer, schmächtiger Mann, der uns durch zwei starke Brillengläser verkniffen anblickte.

»Kommissar Meier hat Sie schon ankündigen lassen«, bemerkte er. Er saß auf einem Sessel am Fenster und rauchte eine Zigarre, am Tisch hatte eine ärmlich gekleidete Frau Platz genommen. Das Zimmer von Ludwig war nur wenig komfortabler, aber immerhin schmückten einige Bilder die Wände, und auch ein Schrank war vorhanden.

»Ich habe nichts gesehen und nichts gehört«, giftete Bruns in unsere Richtung. »Anna war die ganze Zeit bei mir und hat auch nichts bemerkt. Das haben wir schon Meier gesagt.«

Holmes bekam aus den beiden nicht viel mehr heraus als das, was uns der Kommissar berichtet hatte. Der Kaffeehändler hatte sein Kontor am Stavendamm, schräg gegenüber der Wirtschaft. Er war Witwer, und seine Geschäfte liefen gut. Er war um sechs Uhr zu Knut Hartje gekommen und sofort ins Obergeschoss geeilt. Friedhelm hatte er nicht gesehen, auch sonst war ihm niemand in der oberen Etage begegnet.

»Kannten Sie den Fischer?«, fragte Holmes.

»Wie man sich im Schnoor so kennt«, antwortete Bruns. »Er hat schließlich mit seiner Frau neben dem Packhaus gewohnt, in dem ich meine Ware lagere. Aber gesprochen haben wir nicht miteinander. Er war Fischer. Ich hatte nichts mit ihm zu schaffen.«

Dann stellte Holmes zu meiner Verwunderung diverse Fragen zum Kaffeehandel. Woher Bruns seine Ware bezog, wann die letzte Lieferung gekommen war, wem er den Kaffee verkaufen würde und mehr. Als er begann, sich nach anderen Kaffeehändlern in Bremen zu erkundigen, wurde es Bruns zu bunt.

»Was hat das alles mit dem Mord zu tun?«, wollte er wissen. »Ich habe meine Zeit nicht gestohlen, um Ihnen den Bremer Kaffeehandel zu erklären.« Ab diesem Zeitpunkt war nichts mehr aus ihm herauszubringen.

Anna war kurz vor sechs Uhr angekommen und hatte bereits oben auf Bruns gewartet. Der Sonntagabend war eine ausgemachte Sache zwischen ihnen, seit Bruns' Frau tot war. Anna war eine einfache Waschfrau aus dem Schnoor, die sich ihren mageren Lohn durch gelegentliche Liebesdienste aufbesserte. Während Holmes sie befragte, knetete sie nervös ihre Hände. Sie waren rot und rissig vom vielen Waschen. Ihr Gesicht war faltig und schon vor der Zeit gealtert. Ich dachte an meine Sophie, die eine zarte Haut wie Samt und Seide hatte. Ihre Hände hatten sich immer weich und warm in meine geschmiegt, wenn wir im Bürgerpark auf einer Bank saßen.

»Was gafft der Herr mich so an?«, unterbrach Anna mit schriller Stimme meine Träumereien. »Unsereins muss halt sehen, wie er über die Runden kommt.«

»Nehmen Sie es ihm nicht übel«, beschwichtigte Holmes sie. »Er ist in Gedanken noch bei der Leiche. Er hat noch nie ein Mordopfer gesehen.«

»Ach sooo!« Anna schien besänftigt. »Kein schöner Anblick, nicht wahr, der Herr? Sie sind wohl ganz zart besaitet.«

Als wir wieder in dem engen Flur standen, blickte Holmes mich aufmerksam an und meinte: »Sie sehen ein wenig angegriffen aus, Schmidt. Gehen Sie nach Hause. Ich komme ohne Sie aus, zur Not kann Kommissar Meier mich bei den weiteren Befragungen unterstützen.«

Dankbar nahm ich das Angebot an. Ich hatte genug gesehen und gehört für diesen Abend. Zu Hause angekommen, legte ich mich unverzüglich in mein weiches, warmes Bett, glücklich über die Vorzüge, die mir mein Leben bot, und schlief augenblicklich ein.

Kapitel 5

Erst vier Tage später sollte ich meinen Nachbarn wiedertreffen. Und zwar beim Frühstück. Am Tag zuvor stand Hektor vor meinem Schreibtisch und bellte aufgeregt. Verwundert blickte ich ihn an und entdeckte an seinem Halsband ein zusammengerolltes Blatt Papier. Mein Herz tat einen Hüpfer. Genauso hatten die Briefe von Sophie an mich ausgesehen. Aber ich tat den Gedanken sofort ab. Sie war weit weg in Hamburg. Nur Holmes wusste von dieser Art Briefpost, also war sie von ihm. Tatsächlich: eine Einladung zum Frühstück am folgenden Tag.

Zum ersten Mal betrat ich das Haus, in dem meine Sophie gewohnt hatte. Ehrfürchtig erstieg ich die Sandsteinstufen zur Haustür, durchschritt den Windfang, in dem sie ihren Regenschirm abgestellt hatte, blickte die steile Holztreppe zur ersten Etage empor, wo ihr Schlafgemach gewesen war.

»Hellmann, was ist mit Ihnen los? Schlafwandeln Sie am helllichten Tag?« Holmes wies mit einladender Geste ins Wohnzimmer zur Linken. Dort herrschte eine heillose Unordnung: Regale voller Bücher, Land- und Seekarten, Ferngläser, ein Mikroskop, Waagen, Koffer und Taschen, falsche Bärte und Perücken, Stapel von Zeitungen und Briefen, eine Violine und sogar ein Revolver füllten den Raum. Auf einem Klavier in der Ecke lagen zahllose Notenblätter, und an einer Wand waren diverse Zettel mit Nadeln an die mit einem grünen Pflanzenmuster bedruckte Tapete geheftet.

Der Wintergarten, der sich zur Straße hin anschloss, war

gleichfalls proppenvoll. Doch dominierte dort die Chemie: Bunsenbrenner, Chemikalien, Reagenzgläser, Kolben, Flaschen, Becher, merkwürdige Armaturen und vieles mehr. Zu Holmes' Ehrenrettung sei jedoch gesagt, dass hier penible Sauberkeit und Struktur herrschten, die einen sorgsamen Chemiker ausmachen. Holmes geleitete mich ins Esszimmer, das sich, nur getrennt durch eine große, zweiflügelige Schiebetür, am gegenüberliegenden Ende ans Wohnzimmer anschloss. Hier war alles gepflegt und ordentlich. Ein großer ovaler Holztisch aus Mahagoni nahm die Mitte des Raumes ein, über ihm ein opulenter Kronleuchter. Bequeme, mit zahlreichen Ornamenten verzierte Holzstühle standen um den Tisch herum. Eine nahezu pompöse Anrichte und Vitrinen voller Kristallgläser und feinstem Porzellan standen an den Seiten, kunstvolle Gemälde, die Landschaften sowie eine Stadtansicht Bremens zeigten, hingen an den Wänden. An der Einrichtung hatte Sophies verstorbener Onkel nicht gespart.

Der Tisch war für ein ausgiebiges Frühstück reich gedeckt. Wir setzten uns und griffen beherzt zu. Brot, Butter, Schinken und Marmelade, geräucherte Heringe, Pflaumenmus, Kaffee, Zucker und Milch ließen keine Wünsche offen. Für mich war das Angebot zwar etwas zu üppig, doch hatte ich von den englischen Frühstücksgepflogenheiten gehört, bei denen selbst gebratene Würstchen und Nieren serviert werden. Holmes gab sich zunächst sehr wortkarg. Ich störte mich nicht daran und ließ es mir schmecken. Hatte ich doch so die Gelegenheit, mich in Sophies ehemaligem Zuhause in Ruhe umzusehen. Schließlich brach mein Tischgenosse sein Schweigen:

»Sicher möchten Sie wissen, ob es bei dem Toten am Stavendamm etwas Neues gibt.«

Ich bejahte, schließlich war der Mord im Schnoor in aller Munde.

»Nun, es gibt einige bemerkenswerte Details, die ich herausbekommen habe. Ich habe den Verlobungsring, den wir in Barbaras Zimmer gefunden haben, untersucht. Es ist ein alter Ring, der zahlreiche Gebrauchsspuren aufweist und auf dessen Innenseite sich eine Gravur befindet. Dort steht: In ewiger Liebe G. M.«

»Wer kann das sein?«, rätselte ich. »Diese Initialen treffen auf keinen zu, den wir in der ›Krabbe‹ gesehen haben. Der Wirt heißt Knut Hartje und seine Söhne Ludwig und Tammo. Friedhelm Beck kommt ebenfalls nicht in Betracht.«

»Sie haben vollkommen recht damit, dass die Initialen zum Namen eines Mannes gehören müssen, schließlich ist der Ring für eine Frau bestimmt.«

»Vielleicht gehört der Ring Kommissar Meier, wie heißt er mit Vornamen? Am Ende ist er ihm aus der Tasche gefallen, als er den Toten untersucht hat.«

»Das ist nicht der Fall. Ich habe den Ring selbstverständlich Kommissar Meier gezeigt. Er war ihm unbekannt, und mit Vornamen heißt Meier Karl. Wie Sie darüber hinaus an seinem Ehering gesehen haben müssen, ist er seit langer Zeit verheiratet.«

»Wie können Sie das erkennen?«, fragte ich erstaunt.

»Der Ring war viel zu eng für seine kräftigen Finger. Meier hat in jungen Jahren geheiratet, als er schlank war. Inzwischen hat er stark zugenommen, und seine Hände sind so dick geworden, dass er den Ring, selbst wenn er wollte, nicht mehr abziehen kann. Doch weiter zu den anderen Fundstücken. Im Zimmer des Wirts gab es nichts Ungewöhnliches, außer dass er ein ganzes Lager an leeren Branntweinflaschen unter dem Bett gehortet hat. Bei seinem Sohn Tammo dagegen fand ich einige äußerst interessante Dinge, die mir Kommissar Meier freundlicherweise zusammen mit dem Ring zur genaueren Untersuchung überlassen hat.« Damit erhob sich Holmes, holte einen Zettel sowie eine Zigarrenkiste aus dem Wohnzimmer und legte beides vor mich auf den Tisch.

»Sehen Sie selbst und sagen Sie mir, was Sie daraus schließen«, forderte er mich auf.

Ich fühlte mich geehrt und nahm als Erstes den Zettel in Augenschein. Es war ein schmutziges, zerknülltes Stück Papier, nur die Hälfte einer ganzen Seite. Darauf stand in krakeliger Schrift: »Meine Vorräte sind aufgebraucht. Ich brauche Nachschub. Ich erwarte dich am Montag um sechs Uhr abends an bekannter Stelle. Die Ration ist die übliche.«

»Mmh.« Ich kratzte mich am Kopf. »Das sieht aus wie eine Bestellung. Vielleicht heimlich gebrannter Schnaps, mit dem sich in der Schänke guter Gewinn machen lässt. Ich habe gehört, dass manche auf diesem Wege die Branntweinsteuer umgehen.« Da Holmes nur gedankenverloren aus dem Fenster blickte, wandte ich mich der Zigarrenkiste zu. Als ich hineinsah, schnellte ich augenblicklich zurück.

»Um Gottes willen«, entfuhr es mir, »das ist ja furchtbar! So etwas hat Tammo in seinem Zimmer gehabt?«

»In einer Jackentasche in seinem Schrank. Was meinen Sie, was es ist?«

»Es sieht aus wie ein Finger. Wie ein verkohlter Finger.«

»Verbrannt ist der Finger nicht«, korrigierte mich Holmes. »Unter der Lupe betrachtet ist die Haut ganz klar zu erkennen. Sie wäre als Erstes verbrannt.«

»Dann stammt er von einer Moorleiche. Es werden manchmal Leichen aus dem Moor gezogen, die schon einige hundert Jahre alt sind.«

»Das gilt es herauszufinden.«

»Was sagt denn Tammo selbst dazu?«

»Er behauptet, den Finger noch nie gesehen zu haben. Das müsse ein übler Scherz sein. Jemand müsse ihm das Teil in der Wirtsstube in die Jackentasche gesteckt haben. Auch den Ring hat er angeblich nie zu Gesicht bekommen.«

»Und der Zettel?«

»Zu dem Zettel erklärte er, dass es sich dabei um Tabak handele. Er stecke ab und zu einem Bettler Tabakreste zu. Aber ich bezweifle stark, dass ein Bettler solch eine Nachricht verfassen würde, falls er überhaupt schreiben kann.«

»Tabakreste. Das erinnert mich an Heini Holtenbeen«, warf ich ein. »Im Schnoor lebt ein Original, Heini Holtenbeen genannt. Er hat ein lahmes Bein und wohnt in einer winzigen Kammer unter dem Dach. Er ist immer mit Mantel, Melone und Stock unterwegs, jeder in Bremen kennt ihn. Er versteht es, auf brillante Art zu schnorren. Täglich steht er vor der Neuen Börse am Marktplatz, und die Kaufleute drücken ihm ihre angerauchten Zigarren in die Hand, die sie nicht mit hineinnehmen dürfen. Aus dem Tabak stellt er neue Zigarren her und verkauft sie.«

»Es sieht so aus, als wäre Tammo auf die Schnelle nichts

Besseres eingefallen, als auf diese Geschichte zurückzugreifen. Die Sache mit dem Branntwein halte ich allerdings für ebenso unwahrscheinlich. In dem Fall hätte er die Nachricht selbst geschrieben. Doch warum sollte er sie so lange behalten, bis sie völlig zerknüllt und nahezu unleserlich ist? Zudem ist seine Handschrift eine ganz andere. Ich habe ihn gebeten, mir die Adresse eines guten Schneiders aufzuschreiben, da ich einen neuen Gehrock benötigen würde. Das Ergebnis war der Schrift auf der ominösen Bestellung in keinster Weise ähnlich. Nein, nein, die Nachricht stammt von einer Person, die von Tammo etwas wollte. Die Frage ist nur: Was? Und steht es in irgendeinem Zusammenhang mit dem Mord?«

»Kommt Tammo denn als Täter in Betracht?«

»Er hat laut Kommissar Meier ein Alibi. Er sagt, er habe sich zuerst rund eine Stunde mit dem Küster im Dom unterhalten und sei danach in einer Schänke an der Schlachte gewesen. Der Küster und der Wirt haben dies bestätigt. Er hat also für die Zeit von fünf bis neun Uhr abends Zeugen, die ihn gesehen haben.«

»Was ist mit den Gästen im Schankraum? Sie müssen doch beobachtet haben, wer ins Obergeschoss gegangen ist?«

»Das sind alles zwielichtige Gesellen. Die wollen nichts mit der Polizei zu tun haben, weil sie selbst Dreck am Stecken haben. Aus denen kriegen Sie nichts raus, keiner will etwas gesehen haben. Und es sind Schiffer darunter, die niemanden hier kennen.«

Holmes stopfte sich eine Pfeife, setzte sie in Brand und versank in tiefes Grübeln. Ich sah ein, dass ein Gespräch im Moment nicht mehr möglich war und wandte mich einigen

Zeitungen zu, die auf dem Tisch lagen. Wie nicht anders zu erwarten, sorgten der jüngste Beitritt Bremens zum Deutschen Zollverein und die Eröffnung des Freihafens für Schlagzeilen. Schließlich hatte sich Kaiser Wilhelm II. persönlich zur Einweihungsfeier in die Hansestadt bemüht. Unten auf der Titelseite der »Bremer Nachrichten« prangte dagegen die Überschrift: »Straßenräuber schlägt wieder zu – Überfall vor dem Künstlerverein«. Da konnte ich nicht mehr an mich halten: »Schon wieder ein Raubüberfall an der Domsheide!«

»Wie bitte?« Holmes blickte mich irritiert und geistesabwesend an.

»Seit einiger Zeit treibt ein Straßenräuber in Bremen sein Unwesen«, erklärte ich. »Schon vier Bürger hat er ausgeraubt. Es ist immer dasselbe Muster: Er taucht im Dunkeln unvermutet auf, bedroht einsame Passanten mit dem Messer und nimmt ihnen ihr Geld ab. Danach verschwindet er spurlos. Zeugen, die die Taten beobachtet haben, erzählen, dass er plötzlich wie vom Erdboden verschluckt sei. Immer passiert es in der Nähe der Domsheide. Und jetzt hat er schon wieder zugeschlagen.«

»Hellmann, ich bitte Sie! Diese Zeitung ist über zwei Wochen alt. Sie liegt schon eine ganze Weile hier herum.«

Ich blickte auf das Datum und meinte kleinlaut: »Tatsächlich. Das hatte ich ganz übersehen.«

»Aber trotzdem. Was Sie erzählen ist durchaus von Interesse. Es könnte ein höchst faszinierender Fall sein.« Ich fühlte mich geschmeichelt. »Ich werde den Artikel aufheben und bei Gelegenheit darauf zurückkommen. Dann können Sie mir Näheres berichten. Aber jetzt ist es Zeit für einen Ausflug nach Horn.«

Überrascht blickte ich auf.

»Was wollen wir denn auf dem Lande?«

»Barbara besuchen. Sie ist seit Montag nicht mehr in den Schnoor zurückgekehrt und soll bei Verwandten in einer Mühle untergekommen sein.«

Kapitel 6

Es war ein ungewöhnlich schöner und milder Tag, und wir spazierten gemütlich zum Domshof. Dieses Mal waren wir in unserer normalen Garderobe unterwegs. Dort bestiegen wir die Pferdebahn, die uns nach Horn bringen sollte. Vor allem am Wochenende wurde sie von Ausflüglern aus der Stadt gerne benutzt, da sie auf Schienen verkehrte und weitaus weniger schaukelte als Kutschen. Beim Schaffner lösten wir zwei Billetts zu 15 Pfennig und nahmen auf den Holzbänken Platz. Der Wagon hatte keine Fensterscheiben, aber immerhin eine Überdachung. Der Wagenführer musste nahezu ungeschützt auf der vorderen Plattform stehend das Pferd lenken.

Wir genossen die ruhige Fahrt, und Holmes ließ sich von mir die Sehenswürdigkeiten erklären. Es ging am Bahnhof vorbei in Richtung Dobben, dann kam die Unterführung unter den Eisenbahngleisen, die nach Hannover führten. Davor befand sich schon das erste von vielen Ausflugslokalen, die folgen sollten: das Concordia. Die Besonderheit am Concordia war, dass die Gäste von ihrem Tisch aus einen Blick auf die Züge erhaschen konnten. Weiter ging es die Schwachhauser Chaussee entlang. Die Alleebäume, die die Chaussee säumten, waren entlaubt, und ihre bunten Blätter wurden von unserem Gefährt aufgewirbelt. Wir konnten die prächtigen Villen und Landhäuser der Bremer Kaufleute bewundern und passierten das St. Joseph-Stift, ein katholisches Krankenhaus, in dem sich auch Protestanten gerne behandeln ließen. Der schöne Riensberger Friedhof, auf dem so manche Bremer Persönlichkeit, Senatoren und Bürgermeister ihre letzte Ruhestätte gefunden hatten, lag nicht direkt an der Chaussee und war nur zu erahnen.

So kamen wir nach über einer halben Stunde an der Endstation der Pferdebahn in Horn an. Hier lockte die St. Pauli Restauration mit ihrem großen Saal am Sonntag zu Konzerten und Tanz. Gerne hätte ich einen Blick hineingeworfen, doch Holmes strebte vorwärts in Richtung Mühle. Es war kein weiter Fußweg mehr, und schon bald sahen wir die Flügel der Mühle, die sich im Wind drehten. Nun waren wir tatsächlich vor den Toren Bremens und auf dem Land angekommen. Hier sah man Bauernhöfe, Felder und Wiesen und in der Ferne endlose Weite. Von der Sonne beschienen blitzte das Wasser in den Fleeten auf, Wildgänse flogen in keilförmiger Formation über unsere Köpfe hinweg.

Mein Begleiter schien für die Schönheit der Landschaft keinen Sinn zu haben, denn er legte ein derartiges Tempo vor, dass ich Mühe hatte, mit ihm Schritt zu halten. Bald erreichten wir ein niedriges Gebäude, das an die Mühle angebaut war und offensichtlich als Wohnhaus diente. Auf unser Klopfen hin öffnete eine einfach gekleidete Frau, die ein dunkles Kleid mit Schürze trug und ihr Haar unter einem Kopftuch verbarg.

»Guten Tag, Madame«, begann Holmes. »Wir sind die Herren Hellmann und Holmes aus Bremen und würden gerne mit Barbara sprechen.«

»Sind Sie von der Polizei?«, fragte die Frau misstrauisch. »Unsere Barbara hat nichts Falsches gemacht.«

»Nein, wir sind nicht von der Polizei. Aber wir möchten den

Mord an Friedhelm Beck aufklären, und Barbara könnte uns dabei helfen. Es hat außerdem wenig Sinn, wenn sie sich hier versteckt. Irgendwann muss sie die Fragen der Polizei ja doch beantworten.«

»Ich geh nicht mehr zurück in die ›Krabbe‹«, erklang da aus dem dunklen Inneren des Hauses eine helle Stimme.

»Das bleibt ganz Ihnen überlassen«, sagte Holmes. »Wir sind nicht im Auftrag von Knut Hartje hier. Mit dem müssen Sie sich selbst einigen. Wir möchten Ihnen nur einige Fragen stellen. Mit etwas Glück ersparen Sie sich damit die Befragung durch Kommissar Meier.«

Langsam trat eine junge Frau aus dem Hintergrund in den Türrahmen und blickte uns ratlos an. Sie war wohl gerundet und hatte ein ansprechendes, wenn auch nicht besonders intelligentes Gesicht. Die weichen, rundlichen Wangen, der volle, etwas aufmüpfige Mund und die naiven braunen Augen ließen mich vermuten, dass Barbara kaum älter als 17 Jahre sein konnte. Wie hatte solch ein Mädchen in so einer Spelunke arbeiten können? Selbst Sherlock Holmes war irritiert, als er das junge Mädchen sah.

»Du hast nichts zu befürchten«, beschwor er sie. »Im Gegenteil. Wir können dir helfen.«

»Kommen Sie rein«, entschied die Ältere, und wir wurden in eine einfache Küche geführt. Ein gusseiserner Herd, auf dem eine Suppe vor sich hin brodelte, verströmte Wärme. Wir nahmen an einem blank gewienerten Esstisch Platz, und Barbara setzte sich ebenfalls.

»Ich muss wieder in die Mühle«, sagte die Frau, die ich für die Mutter hielt. »Mach uns keine Schande, hörst du, Barbara?«

Sie setzte uns noch einen Krug mit einem kaffeeähnlichen Gebräu sowie drei Becher vor die Nase und verschwand.

»Du bist also wieder zu deinen Eltern zurückgekehrt«, begann Holmes die Befragung, und ich war erstaunt, dass dieser große Detektiv durchaus zu einem einfühlsamen Ton in der Lage war.

»Es sind nicht meine Eltern, die sind schon lange tot. Der Müller ist der Vetter meines Vaters.«

»Verstehe. Sie haben dich aufgenommen. Wieso hast du dann bei Knut Hartje gearbeitet?«

»Das Geld ist knapp hier, und für die schwere Arbeit in der Mühle bin ich nicht geeignet. Der Wirt ist ein alter Bekannter von meinem Onkel, sie sind hier zusammen aufgewachsen. Und weil er eine Küchenhilfe gebraucht hat, hat er meinen Onkel gefragt. Ich hatte nichts dagegen, mal in die Stadt zu kommen. Ist schließlich aufregender als auf dem Land.«

»In der Tat.« Holmes zog den Ring aus der Tasche, den er unter Barbaras Bett gefunden hatte. »Hast du diesen Ring schon mal gesehen?«

Barbara bekam große Augen. »Ui, der ist aber schön! Gesehen habe ich den noch nie.«

Holmes steckte den Ring wieder in die Tasche.

»Erzähle uns von Friedhelm. Wie lange kanntest du ihn schon, und welches Verhältnis hattet ihr?«

Barbara wurde über und über rot.

»Na ja, er kam oft zu uns in die Wirtschaft«, druckste sie. »Hat mich immer so freundlich angeguckt und behandelt. Viel netter als die anderen Kerle. Da hab ich mich in ihn verliebt.«

»Du wusstest, dass er verheiratet war?«

»Zuerst nicht. Und als ich es gehört habe, war es schon zu spät.«

»Zu spät?«

»Da war es schon passiert.« Barbara schlug die Augen nieder.

»Verstehe. Und dann dachtest du, jetzt ist es auch egal und hast weitergemacht?«

»Mmh.« Barbara nickte widerstrebend. »Er war sehr charmant und hat mir versprochen, dass er sich von seiner Frau trennt. Die hatte doch immer nur Kopfschmerzen oder war schwanger oder ...«

»So genau möchten wir es gar nicht wissen«, unterbrach Holmes. »Was ist letzten Sonntag passiert? Schildere es bitte in allen Einzelheiten.«

»Also, Friedhelm ist am Nachmittag gekommen. Da ist unten nichts los, müssen Sie wissen, und ich habe frei. Er hat mich in meinem Zimmer besucht, und wir haben uns unterhalten.«

»So so, unterhalten. Und danach ist er eingeschlafen?«

»Genau. Er hat es sich ein bisschen bequem gemacht. Ich musste schließlich runter in die Küche.«

»Um wie viel Uhr war das?«

»So gegen fünf Uhr.«

»Wie ging es weiter?«

»Ich hab dann der alten Marga Essen gebracht. Sie liegt im Bett und kann nicht mehr aufstehen. Darum bekommt sie jeden Abend von uns ihr Essen.«

»Wann war das, und wie lange warst du weg?«

»Das war so gegen halb sechs. Um sechs Uhr bin ich dann wieder zurückgekommen. Da haben gerade die Glocken von

Sankt Johann geläutet. Ich bin wieder in die Küche und hab weitergearbeitet.«

»Eine Stunde später kam Line Beck in die ›Krabbe‹. Hast du sie gesehen?«

»Nein, zum Glück nicht! Ich war gerade auf dem Hof auf dem stillen Örtchen. Als ich wieder ins Haus bin, sagt mir Knut, dass Line nach oben in mein Zimmer ist und dass ich verschwinden soll, sonst gibt's Ärger. Ich also nix wie raus und zu meiner Freundin an der Balge. Als ich durch die Tür bin, hab ich Line oben noch schreien hören.«

»Ist dir sonst jemand aufgefallen, der ins Obergeschoss gegangen ist?«

»Nein, ich war schließlich in der Küche beschäftigt. Da sieht man nicht, was vorne los ist oder wenn jemand die Treppe nach oben geht.«

»Wie lange bist du bei deiner Freundin geblieben?«

»Die ganze Nacht. So um acht Uhr rum bin ich noch mal zum Stavendamm, aber da standen so viele Menschen und Polizei vor der Tür und haben was erzählt, dass der Friedhelm tot ist. Da hab ich mich ganz fürchterlich erschrocken und mich nicht mehr reingetraut. Am nächsten Tag haben sie dann alle von Mord geredet, und ich bin schnell hierher zur Mühle. Seitdem war ich nicht mehr in der Stadt, und keine zehn Pferde bringen mich mehr hin. Ich hab mit dem Ganzen nichts zu tun, bitte glauben Sie mir«, schloss Barbara ihre Ausführungen und blickte uns flehend an.

Sherlock Holmes nickte vor sich hin. »Ja, das deckt sich mit den Aussagen, die andere Zeugen gemacht haben. Keine Sorge, du gehörst nicht zu den Verdächtigen. Ich werde Kommissar Meier berichten. Dann kommst du um eine Befragung wahrscheinlich herum.«

Barbara atmete erleichtert auf.

»Nur noch kurz eine andere Frage, bevor wir wieder gehen: Hast du noch andere Verehrer als Friedhelm?«

»Sicher.« Barbara lächelte ein wenig selbstverliebt in sich hinein. »Da gibt es einige. Gustav, ein Binnenschiffer aus Minden, der Holz liefert, hat mir immer schöne Augen gemacht. Ein verrückter Kerl, er meinte, er müsse mich aus dem Sündenpfuhl in der ›Krabbe‹ erlösen. Und Sven aus dem Packhaus ist ungewöhnlich oft zu uns gekommen. Knut hat immer gesagt: Da kommt dein Galan. Außerdem haben natürlich die Gäste oft mit mir geschäkert.«

»Wie steht es mit Tammo?«

»Tammo? Ach der. Der ist doch dösig. Hat mich mit seinen glasigen Augen oft komisch angeguckt, aber gesagt hat der nie was. Ich glaub nicht, dass er überhaupt was von Frauen will.«

»War einer dieser Männer am Sonntag im Wirtshaus?«

»Nicht dass ich wüsste«, sagte Barbara und schaute verlegen zum Herd.

»Überlege genau«, insistierte mein Begleiter.

»Na ja, der Sven könnte schon dagewesen sein. Aber ich kann's nicht beschwören. So genau hab ich nicht drauf geachtet.«

»Weißt du, wie Gustav mit Familiennamen heißt?

»Soweit ich weiß, Kirchner.«

»Nun gut, Barbara. Vielen Dank, du hast uns sehr geholfen.«

Kapitel 7

»Das arme Ding«, sagte ich, als wir die Mühle verlassen hatten und uns auf dem Rückweg befanden.

»Armes Ding? Sie trägt vermutlich ein gutes Stück Mitschuld an diesem Verbrechen. Eitel und selbstverliebt wie sie ist, hat sie sicher nicht wahrgenommen, was sich um sie herum zusammenbraut.«

»Nun, sie ist jung und unerfahren«, wandte ich ein.

»Jung und dumm, mein lieber Hellmann! Die Dummheit ist die größte Wurzel allen Übels auf der Welt. Die Dummheit und das, was die Leute Liebe nennen.«

»Die Liebe«, rief ich empört aus. »Sie wollen doch nicht das Schönste auf der Erde für Leid verantwortlich machen.«

»Aber elementar, Hellmann. Gerade die Liebe bringt die größten Verblendungen hervor und verleitet zu den ungeheuerlichsten Taten. Dabei ist sie nichts anderes als ein der Mode unterworfener Ausdruck des Willens zum Überleben. Wenn es gerade Mode wäre, würden sich die Menschen sogar in eine Maske verlieben.«

Ich war sprachlos. Diese tiefe Liebe zu Sophie, die mich die höchsten Glücksgefühle der Welt erleben ließ, war in Holmes' Augen nichts anderes als …

»Nun seien Sie nicht gleich eingeschnappt«, unterbrach Holmes meine Gedanken. »Ihre Sophie bildet da natürlich eine Ausnahme. Doch genug philosophiert. Lassen Sie uns Kommissar Meier aufsuchen und ihm berichten. Im Übrigen: Meier weiß inzwischen um unsere wahre Identität. Und was den Ring betrifft, den wir unter Barbaras Bett gefunden haben, so scheidet Gustav Kirchner wohl aus, falls es sich nicht um zwei Vornamen handelt, die eingraviert wurden.«

Wir nahmen die Pferdebahn zurück in die Stadt und sprachen sogleich bei Kommissar Meier im Polizeirevier am Marktplatz vor. Dieses war im Stadthaus direkt neben dem Rathaus untergebracht. Meier war höchst erfreut, uns zu sehen und bestellte bei seiner Sekretärin Kaffee und Kaffeebrot. Wir nahmen in einer komfortablen Sitzgruppe Platz, die neben einem immensen Schreibtisch, diversen Regalen voller Akten und einem Waschbecken die Einrichtung des Büros bildete. Von da aus hatten wir eine hervorragende Aussicht auf den St. Petri Dom, der zu meinem Bedauern teilweise eingerüstet war. Er sollte außen umfassend saniert werden und wieder einen zweiten Kirchturm erhalten. Der Vorgänger war schon vor rund 250 Jahren eingestürzt.

»Wie schön, meine Herren, dass Sie mich aufsuchen. Ich hoffe, Sie bringen mir Neuigkeiten in dem Fall Beck. Ein sehr verwickelter Fall, sehr verwickelt.« Meier schnaufte schwer und nahm einen Schluck Wasser aus einem Glas. Ihm hatte seine Sekretärin keinen Kaffee kredenzt.

»Ich trinke nur heißes Wasser«, erklärte er, als er meinen verwunderten Blick bemerkte. »Das Herz, wissen Sie! Kaffee ist Gift für mich, sagt mein Arzt. Ach, er bringt mich noch ins Grab. Nicht einmal ein kleines Tässchen Kaffee am Nachmittag gönnt er mir. Aber greifen Sie zu, meine Herren! Dieses Kaffeebrot ist köstlich.« Meier legte sich selbst drei Scheiben auf seinen Teller, ruckelte seinen massigen Körper im Sessel zurecht und begann genussvoll zu essen. Nachdem wir uns bedient hatten, berichtete Holmes ausführlich von unserem Gespräch mit Barbara.

»Mmh«, meinte Meier, »dann scheidet sie als Täterin wohl aus. Überhaupt, wieso sollte sie ihren Geliebten umbringen? Das würde wenig Sinn ergeben. Aber wer hat dann zum Bügeleisen gegriffen? Die Zeugen in der Gaststube waren leider allesamt unbrauchbar. Keiner hat etwas gesehen oder gehört. Ein Gustav oder ein Sven waren nicht darunter.«

»Wenn einer von denen Friedhelm getötet hat, hat er sich sicher schnell aus dem Staub gemacht«, bemerkte Holmes.

»Davon ist auszugehen.«

»Herr Holmes hat im Zimmer von Tammo merkwürdige Dinge entdeckt«, warf ich ein. »Das sollten Sie sich mal ansehen.«

»Meinen Sie den Finger?«, fragte Kommissar Meier und schob sich ein weiteres Kaffeebrot in den Mund. »Den habe ich schon gesehen. Herr Holmes war so freundlich, mich vor zwei Tagen in seine Untersuchungen einzuweihen. Eine unappetitliche Sache. Aber ich vermute, es handelt sich tatsächlich um einen dummen Scherz. Am Ende ist es noch ein Stück von einer Mumie aus dem Bleikeller.« Meier lachte und versprühte dabei einige Krümel des Kaffeebrots. »Schon Johann Wolfgang von Goethe hat man einen Finger von einer unserer Mumien geschickt, um den großen Dichter nach Bremen zu locken. Obwohl natürlich Tammo kein Goethe ist. Eher das Gegenteil. Leicht beschränkt, würde ich sagen. Und zum Lügen zu dumm.«

Holmes wiegte den Kopf hin und her und zog an seiner Pfeife, die er sich zum Kaffee angezündet hatte.

»Nicht unbedingt. Auf mich macht er einen durchaus verschlagenen Eindruck. Aber was Sie von der Mumie sagen, ist höchst interessant. Was hat es damit auf sich? Ich dachte immer, wir hätten im Britischen Museum in London als Einzige das Privileg, ägyptische Mumien zu besitzen.«

»Oh, es sind keine ägyptischen Mumien. Das sind alles Bremer Originale. Sie haben die Mumien vor 200 Jahren hier im Dom in der Ostkrypta entdeckt. Ein Orgelbauer oder so hat die Leichen vertrocknet in ihren Särgen gefunden. Acht Mumien, stellen Sie sich die Sensation vor! Die trockene Luft und das Blei, das sie in dem Raum aufbewahrten, sollen für die Mumifizierung verantwortlich sein. Darum der Name Bleikeller. Jetzt haben sie die Mumien in die gotische Kapelle verlegt, dort können Sie sie besichtigen.«

»Das war sehr aufschlussreich!« Holmes sprang auf. »Hellmann, lassen Sie uns diesen Bleikeller und seine Mumien inspizieren.«

»Nun mal langsam«, bremste uns Meier aus. »Da werden Sie heute kein Glück haben.« Er blickte auf seine Taschenuhr. »Der Bleikeller ist längst geschlossen. Kommen Sie morgen wieder.«

Kapitel 8

Eine Kutsche brachte uns am nächsten Morgen zum Marktplatz. Es war noch früh am Tag, und in Bremens guter Stube herrschte reges Treiben. Rund um den Roland hatten Händler und Bauern ihre Stände aufgebaut und verkauften Obst, Gemüse, Fisch und vieles mehr. Auch Hühner, Enten und Gänse waren zu haben. Das laute Rufen der Marktfrauen war nicht zu überhören, und Dienstmädchen in schwarzen Kleidern und dunklen Mänteln liefen mit ihren großen Körben umher und suchten nach den frischesten und günstigsten Produkten. Wir wandten uns dem Dom zu und stiegen die wenigen Stufen zu dem großen Portal empor.

»Kennen Sie die Mumien?«, wollte Holmes von mir wissen.

»Nun ja, als Kind war ich mal im Bleikeller. Aber das ist lange her.«

Wir betraten die majestätische Halle mit den großen Säulen, die bis in den Himmel zu ragen schienen. Schier endlose Sitzreihen zogen sich bis zum Altar hin. Seitlich im Mittelschiff befanden sich für weitere Gottesdienstbesucher hölzerne Emporen, die über unseren Köpfen schwebten. Jedes Mal, wenn ich den Dom betrat, ergriff mich eine tiefe Ehrfurcht, so auch dieses Mal. Zu meiner Freude übte gerade der Domorganist Carl Reinthaler ein Stück auf der Orgel. Dies verstärkte mein erhabenes Gefühl um einiges. Zu meinem Erstaunen hielt auch Sherlock Holmes andächtig inne und lauschte den wundervollen Klängen.

»Hören Sie, Hellmann, die Kunst der Fuge von Johann Sebastian Bach. Eine bemerkenswerte Komposition über nur ein einziges Hauptthema. Was für ein perfekt aufgebautes und wohl strukturiertes Werk. Leider konnte Bach es nicht beenden, er ist bei der letzten Fuge gestorben.«

Wir verweilten eine ganze Zeit und hörten den imposanten Orgelklängen zu. Dann erinnerte Holmes mich daran, dass wir einer anderen Sache wegen in den Dom gekommen waren. Wir strebten dem Eingang des Bleikellers zu, der sich rechts neben dem Altarraum befand. Die schwere Holztür war verschlossen. Unschlüssig standen wir vor dem Eingang, als uns ein älterer Mann ansprach, der sein rechtes Bein etwas nachzog.

»Wollen Sie die Mumien sehen?«, fragte er in übertriebener Lautstärke, und ich schloss daraus, dass er schwerhörig war.

»Richtig, die Mumien«, antwortete Holmes. »Sie sollen eine kleine Sensation sein.«

»Klein sind sie nicht. Es handelt sich um Erwachsene«, so der Mann, der nun einen großen Schlüsselbund hervorholte.

»Sie sind der Küster«, vermutete Holmes.

»Wie bitte?«

»Sind Sie der Küster?«, wiederholte mein Begleiter etwas lauter.

»Richtig, der Küster. Das macht dann zehn Pfennige pro Person.«

Holmes kramte eine Fünfzig-Pfennig-Münze aus seiner Tasche und überreichte sie dem Mann, der gierig die Hand danach ausstreckte und nicht daran dachte, das Wechselgeld herauszurücken. Holmes ließ es zu meiner Verwunderung dabei bewenden.

»Dann kennen Sie Tammo, den Sohn von Knut Hartje, aus dem Schnoor?«, sprach Holmes mit lauter Stimme.

»Ja, Tammo wohnt im Schnoor.«

»Haben Sie ihn am Sonntag gesehen?«

»Was ist am Sonntag geschehen?«

»Ob Sie Tammo am Sonntag gesehen haben?«

»Tammo, ja. Er war am Sonntagabend auf einen Schnack hier. Das macht er öfter.«

»Wann genau war er hier?«

»Wann? Das muss vor sechs Uhr gewesen sein. Dann ist er gegangen. Ich muss schließlich darauf achten, dass die Glocken pünktlich läuten.«

»Ist Ihnen an ihm etwas aufgefallen?«

»Nein, hingefallen ist er nicht. Oder vielleicht doch, wo Sie es sagen. Seine Kleidung war völlig verdreckt. Das ist sonst nicht seine Art. Aber wieso fragen Sie mich nach Tammo? Sind Sie von der Polizei?« Der Küster blickte uns plötzlich misstrauisch an. »Da war vor ein paar Tagen so einer da und hat mich gelöchert, ein Kommissar Beier oder so. Dem hab ich schon alles erzählt. Wollen Sie nun die Mumien sehen oder nicht?«

»Die Mumien, selbstverständlich. Ich bin nur ein neugieriger Ausländer, müssen Sie wissen.«

»Ein Helgoländer, so so, Engländer, was? Seit 37 Jahren bin ich nun hier im Dom, aber die Polizei hatten wir noch niemals hier.« Der Küster schüttelte den Kopf und öffnete die schwere Tür, eine Reihe von Stufen führten hinab in den Bleikeller. Unten entzündete er mehrere Kerzen, und der Raum wurde durch ihr flackerndes Licht erhellt.

»Ein merkwürdiger Kauz«, sagte ich, als wir uns allein in der gotischen Kapelle befanden, in dem die Mumien ausgestellt sind.

»Kein sehr zuverlässiger Zeuge«, bestätigte Holmes. »Möglicherweise ist Tammo wieder im Rennen. Seine verdreckte Kleidung gibt zu denken. War Tammo vielleicht nicht von fünf bis sechs im Dom, sondern erst um sechs Uhr, nach dem Mord?«

»Dann hätte der Küster ihm ein falsches Alibi gegeben. Aber warum?«

»Geld, mein lieber Hellmann! Haben Sie bemerkt, wie fleißig der Alte meine fünfzig Pfennige eingesteckt hat? Der Test ist gelungen: Der Mann ist offensichtlich bestechlich.«

»Hatten Sie es darauf angelegt, dass er Ihr Rückgeld einbehält?«, fragte ich erstaunt.

»Aber ja. Jetzt sollten wir uns endlich die Mumien ansehen.«

Wir blickten uns in dem Raum um, der von einem hellen Kreuzgewölbe überspannt war. Mehrere Säulen unterteilten die Kapelle. Dazwischen befanden sich offene Särge, in denen die Mumien lagen. Das Ganze wirkte in hohem Maße gruselig. Mit gefalteten Händen waren die Toten aufgebahrt, die Köpfe allesamt auf Kissen gebettet und leicht erhöht, so als ob sie sich gleich aus ihren Särgen erheben wollten. Diese Mumien waren nicht bandagiert, wie man es von den ägyptischen Mumien gewohnt ist, nackt und bloß lagen sie in ihren Särgen. In den Mündern der Totenköpfe blitzten vereinzelt weiße Zähne hervor, ansonsten waren die Körper ein vertrocknetes, ledriges Etwas, aus dem die Knochen herausragten und in dem man den Menschen kaum mehr erkennen konnte. Ihre Hände waren wie zum Gebet gefaltet, die Augenhöhlen leer und eingefallen. Die nackten Körper waren nur mit einem schlichten Tuch bedeckt, die Oberkörper waren frei. ›Englischer Major‹ war ein Sarg beschriftet, ›schwedische Gräfin‹, ›schwedischer General‹, ›Lady Stanhope aus London‹ und ›Arbeiter‹ war an den anderen zu lesen. Außerdem lagen hier ein im Duell erstochener Student und ein Dachdecker, der seinen Mund wie zu einem Schrei geöffnet hatte. Er war den Erzählungen nach vom Turm des Doms gestürzt. In einem steinernen Sarkophag am Ende der Kapelle ruhte der Kanzler von Engelbrechten. Sein Sarkophag stand erhöht auf sechs Füßen in Form von Totenschädeln, auf dem Deckel befand sich eine in Stein gemeißelte Jesusfigur am Kreuz. Sherlock Holmes schritt langsam die Reihe der Särge entlang und inspizierte sorgfältig jede einzelne Mumie.

»Hellmann, da fehlt nicht nur ein Finger. Es sind diverse Gliedmaßen und Haare abhandengekommen. Hier haben sich einige Besucher Bremens ein Souvenir mitgenommen.«

Daraufhin zog er die Zigarrenkiste aus seinem Mantel, in der er den Finger aus Tammos Jacke aufbewahrte. Zusammen mit einer großen Lupe ging er daran, diesen Finger an jede einzelne Hand der Mumien anzulegen. Er rückte ihnen dabei ganz dicht auf die Pelle, wenn diese Bezeichnung gestattet ist. Ich erschauderte und blieb in gebührendem Abstand zu den mumifizierten Körpern. Zum Glück waren wir allein im Bleikeller, bei Holmes' Benehmen hätte es sonst sicher Protest gehagelt. Nach einer ganzen Weile richtete er sich auf und sagte: »Es ist der schwedische Offizier, Hellmann. Und zwar der Ringfinger der rechten Hand, sehen Sie selbst.«

Damit winkte er mich zu dem Sarg des Offiziers heran und fügte den mitgebrachten Finger nahtlos in eine Lücke zwischen kleinem Finger und Mittelfinger seiner rechten Hand: Es war eindeutig der fehlende Finger.

»Man sollte ihn doch hier an Ort und Stelle belassen«, erklärte ich. »Das erfordert allein die Pietät.«

»Auf keinen Fall. Der Finger ist ein Beweisstück«, erwiderte Holmes, verwahrte ihn wieder in seiner Zigarrenkiste und wandte sich dem Ausgang zu.

»Weitergebracht hat uns das nicht«, bezweifelte ich.

»Im Gegenteil. Wir wissen nun, woher der Finger stammt und dass Tammos Alibi durchaus fragwürdig ist. Tammo wird den Finger selbst eingesteckt haben, er hat also gelogen. Ich frage mich, in welcher Beziehung der Küster und Tammo wirklich stehen. Doch wir sollten Sven und Gustav nicht außer Acht lassen. Es ist durchaus möglich, dass sie sich in der ›Krabbe‹ aufgehalten haben und nach oben geschlichen sind. Darüber hinaus möchte ich dem Kaffeehändler Bruns auf den Zahn fühlen, dafür gibt es mehrere Gründe. Es ist höchste Zeit, dass wir das Angebot von Tante Käthe annehmen und uns im Packhaus im Schnoor umsehen.«

Kapitel 9

So kam es, dass wir uns am Montag der folgenden Woche durch den engen Durchgang schoben, der zum Packhaus führte. Nebeneinander zu gehen war hier unmöglich, gerade mal eine Person konnte den schmalen Gang passieren. Wir hatten wieder die schäbige Verkleidung angelegt, die wir am Tag des Mordes trugen. Mir war nicht wohl dabei, aber Holmes hatte mir versichert, dass meine Unterstützung nur am Anfang vonnöten sei. Die Schufterei im Packhaus wolle er ganz allein auf sich nehmen, was mir nur recht war. Es war dringend erforderlich, dass ich mich wieder meiner eigenen Arbeit widmete. Den Stapel mit den Abrechnungen der Apotheke hatte ich sträflich vernachlässigt, seit Holmes mich zu seinen Ermittlungen hinzugezogen hatte.

Wir erreichten den kleinen Platz vor dem Packhaus, auf dem Hausfrauen mit Schürzen und Kopftüchern plaudernd zusammenstanden. Lastenträger bewegten auf hölzernen Sackkarren schwere Säcke, und Kinder spielten mit Murmeln auf dem kalten Pflaster. Das Packhaus ragte mit seinen vier Etagen hoch über die kleinen Schnoorhäuser hinaus. Über dem Eingang thronte in einer Nische die hölzerne Figur des Heiligen Jakobus, in farbige Gewänder gekleidet, mit Jakobsmuscheln am Hut und einem Pilgerstab in der Hand. Ein Relikt aus jener Zeit, als an dieser Stelle noch das Witwenhaus der Jakobus-Brüderschaft stand und Bremer Bürger darin für das Wohl von zwölf armen Witwen sorgten. Doch da Sherlock Holmes im Moment sicher andere Dinge im Sinn hatte, behielt ich dieses historische Detail für mich. Gemeinsam erklommen wir einige steile Stufen und öffneten die grobe Holztür. Sofort stiegen uns unzählige Gerüche in die Nase. Der Duft von Tabak und Kaffee mischte sich mit dem exotischer Gewürze. Überall in dem langgestreckten Raum lagerten große Ballen von Leinen, Fässer voller Wein und Säcke voller Kaffee. Zwei Packer saßen in ihren schwarzen Arbeitsanzügen und schwarzen Mützen auf den Säcken und rieben sich die kalten Hände.

»Wo wollt ihr denn hin?«, rief einer.

»Wir suchen Tante Käthe«, erklärte Holmes.

»Die ist oben unterm Dach bei der Winde, Treppe rauf.« Der Packer wies mit dem Kopf zum Aufgang.

Mühsam nahmen wir die steile Stiege in Angriff. Es war kalt und schummrig im Packhaus, und die hölzernen Stufen knarrten unter unseren Schritten. In der vierten Etage schließlich erblickten wir eine große Seilwinde, die von der Decke hing und von einem kräftigen Mann bedient wurde. Langsam hob sich aus der Luke am Boden ein Korb voller Säcke. Sofort eilte ein Arbeiter herbei und schloss die beiden Holzklappen unter dem Korb, der abgesenkt wurde und ächzend auf den Holzbrettern zum Stehen kam. Tante Käthe stand schweigend daneben und beobachtete streng das Geschehen. Sie war wieder in mehrere Tücher gewickelt, ihr langer Rock war sichtbar verschlissen und staubig. Als sie unser gewahr wurde, kam sie auf uns zu.

»Ihr kommt wie gerufen«, ertönte ihre tiefe Stimme, sie hatte uns augenscheinlich wiedererkannt. »Heute ist wieder einer krank zu Hause geblieben. Und das, wo heute eine Ladung Kaffee für Herrn Bruns ankommt. Ihr könnt sofort anfangen.«

»Was erlauben Sie …«, setzte ich gerade an, um mir das ungehörige Du zu verbitten, als Holmes mich scharf unterbrach.

»Darum sind wir hier. Besser gesagt ich. Mein Begleiter hat eine andere Arbeit gefunden und soll mich nur in die Gegebenheiten einweisen. Mein Deutsch ist leider schlecht.«

»Es wird schon reichen, bei uns wird nicht viel geschnackt, sondern angepackt. Du kannst gleich zur großen Schlachte gehen, wo der Kaffee ankommt. Dort ist Sven, der erklärt dir alles Nötige. Nimm eine Sackkarre mit, die wirst du brauchen.«

»Wie erkenne ich Sven?«

»Er ist der Größte an der Schlachte. Du kannst ihn nicht verfehlen.« Damit war für sie das Gespräch beendet, und sie wandte sich wieder den beiden Arbeitern zu, die uns interessiert beobachtet hatten. »Was steht ihr hier rum und haltet Maulaffen feil? Habt ihr nichts zu tun?« Geschäftig widmeten sich die beiden wieder der Seilwinde und den Säcken, nicht ohne leise vor sich hin zu murren.

Wir machten uns auf den Weg nach unten, wobei die steile Treppe abwärts noch schwieriger zu bewältigen war. Glücklich am hellen Tageslicht angekommen, spazierten wir zur kleinen Schlachte unterhalb des Schnoors, wo die Binnenschiffe anlegten. Holmes mit einer hölzernen Sackkarre, die übers Pflaster rumpelte, ich erleichtert darüber, dass wir das düstere Gebäude endlich verlassen hatten. An den Lagerhäusern der Tiefer vorbei gelangten wir zur großen Weserbrücke, auf der allerhand Verkehr herrschte. Fuhrwerke und Kutschen teilten sich die Fahrbahn mit Handkarren und sogar dem einen oder anderen Fahrrad. Eine gänzlich neue Fortbewegungsart, die meiner Meinung nach erhebliche Risiken in sich barg. Fußgänger und Gruppen von Kindermädchen mit ihren Kinderwagen liefen auf den abgetrennten Trottoirs an beiden Seiten der Brücke, die im Volksmund Börsenbrücke hieß, da sie direkt auf die Neue Börse am Marktplatz zusteuerte.

Hinter der Martinikirche begann die große Schlachte. Früher, bevor die Weser versandet war, war hier der wichtigste Hafen der Hansestadt gewesen. Jetzt legten die großen Schiffe weiter nördlich an, und nur die flachen Leichter, vom Ufer aus von Pferden gezogen, brachten Waren von den großen Schiffen in die Innenstadt. Vegesack und Bremerhaven hatten Bremen den Rang abgelaufen, doch das sollte sich mit dem Freihafen ändern. Davon war jedenfalls mein Vater überzeugt, der eine große Geldsumme in die Bremer Lagerhaus Gesellschaft investiert hatte, die die Lagerhäuser am Freihafen betreiben sollte.

Am Kai herrschte geschäftiges Treiben. Mehrere Leichter und einige Fischerboote lagen an der Kaimauer. Überall stapelten sich Säcke, Kisten und Fässer, Kräne hoben Lasten an Land, die von fleißigen Hafenarbeitern entgegengenommen wurden. Andere luden sie auf ihre Sackkarren und machten sich damit auf den Weg in eines der Lagerhäuser. Männer in schwarzen Gehröcken, dicken Mänteln und mit Zylinder lehnten müßig am Geländer, plauderten miteinander und beobachteten das Geschehen. Ich vermutete, dass es sich um Bremer Kaufleute handelte, die Acht gaben, dass ihren kostbaren Waren nichts passierte. Obwohl mein Vater ein erfolgreicher und erfahrener Kaufmann war, hatte ich nie die Neigung verspürt, in sein Geschäft einzusteigen. Mein Bruder

Hinnerk dagegen war schon früh ständiger Gast im Kontor gewesen und durfte ihn bereits in jungen Jahren in die Börse am Marktplatz begleiten. Ich konnte der ewigen Rechnerei nichts abgewinnen und hielt mich lieber in der Apotheke meines Onkels auf. Zwischen Pülverchen und Pillen ging mein Herz auf. Wie faszinierend war es zuzusehen, wie mein Onkel auf Wunsch eines Kunden eine Arznei gegen Kopfschmerzen, Herzbeschwerden oder Husten zusammenmischte. Und wie schön war es, die Dankbarkeit der Kunden zu erleben. Nicht zu vergessen die süßen Bonbons, die für die kleinen Besucher der Apotheke in einem Glasbehälter auf dem Tresen standen und an denen ich mich gelegentlich bedienen durfte. Die unzähligen Schubladen der Apotheke waren mir der schönste Spielplatz, auch wenn mein Onkel dies nicht gerne sah und mir so manchen Verweis erteilte. Doch geschah das meist mit einem Augenzwinkern, denn mein Onkel war ein gutmütiger Mensch. Als ich älter wurde, hielt diese Begeisterung an, und ich durfte ihm beim Abwiegen, Beschriften und Sortieren helfen. Schließlich nahm mich mein Onkel als Gehilfe auf, und mein Vater stimmte widerwillig zu. Er hatte irgendwann aufgegeben, mich für den Handel zu begeistern und begnügte sich damit, dass mein Bruder in seine Fußstapfen trat. Obwohl er nach dem Tod meiner geliebten Mutter bei der Geburt ihres dritten Kindes noch strenger war als zuvor, sah er ein, dass ich im Kontor am falschen Platz gewesen wäre und mehr Schaden als Nutzen gebracht hätte. Zudem hatte mein Onkel keine eigenen Kinder und war froh, in mir einen möglichen Nachfolger gefunden zu haben.

»Wie sollen wir in diesem Gewühl Sven finden?« Ratlos

blickte ich über den Platz. Doch Holmes hatte die Initiative ergriffen und einen Arbeiter angesprochen, der wohl als Aufseher fungierte, denn er wies den Lastenträgern die richtigen Plätze für die Kisten zu. Dieser deutete auf einen Kahn, der in rund hundert Metern Entfernung angelegt hatte. Trotz der hinderlichen Sackkarre bahnte sich mein Begleiter schnell seinen Weg durch das Gewirr am Kai. Ich trottete hinterher, peinlich bemüht, meine Mütze tief in die Stirn zu ziehen und immer wieder nach meinem falschen Bart tastend, ob er denn richtig saß. Auf keinen Fall wollte ich von Geschäftspartnern meines Vaters oder von anderen Bekannten erkannt werden. Meine Angst erwies sich indes als unbegründet, denn niemand nahm von uns Notiz.

An dem Kahn angekommen, fiel mir sofort ein groß gewachsener, etwas über zwanzig Jahre alter Mann ins Auge, der am Ufer stand. Er war ein Hüne mit breiten Schultern, kräftigen Armen und muskulösen Beinen, mit einem dicken Wollpullover, einer groben Leinenhose und schweren Stiefeln bekleidet, und er überragte alle anderen. Mit seinen hellblauen Augen und den blonden Locken, die ihm in die Stirn fielen, sah er sehr ansprechend aus. Holmes ging auf ihn zu und sprach ihn an: »Verzeihung, sind Sie Sven? Tante Käthe schickt mich, ich soll mich bei Ihnen melden.«

»So so, Tante Käthe.« Sven musterte Holmes von oben bis unten.

»Sie hat mir Arbeit angeboten, ich soll mit anpacken.«

Svens Miene erhellte sich, und er strahlte übers ganze Gesicht. »Wunderbar! Ich dachte schon, ich muss das alles hier allein wuppen. Du kommst genau richtig, und das Sie lassen wir mal ganz schnell bleiben. Ich bin Sven.« Damit reichte er Holmes seine große Pranke.

»Ich heiße Jack«, sagte Holmes und erwiderte den kräftigen Händedruck.

»Zupacken kannst du«, stellte Sven erstaunt fest und lachte. »Da hat Tante Käthe mal den richtigen Riecher gehabt. Sonst schleppt der alte Drachen nur Figuren an, die sich eher fürs Zigarrendrehen eignen. Aber wir haben noch Zeit, wir müssen warten, bis ein Lastkran frei ist, das kann eine Weile dauern. Lass uns in den ›Schwarzen Kater‹ gehen und einen Schluck trinken.« Damit legte er Holmes einen Arm um die Schulter und zog ihn mit sich fort.

Ich hatte mich bis dahin im Hintergrund gehalten und stand nun etwas verlassen und verlegen zwischen den emsigen Arbeitern herum. Da Holmes keine Anstalten machte, mich in den Kneipenbesuch mit einzubeziehen, sah ich meine Mission als beendet an und machte mich erleichtert auf den Heimweg.

Kapitel 10

Mehrere Tage sollte ich nichts mehr von Holmes hören, bis er eines Abends müde, abgekämpft und staubig vor unserer Tür stand. Ich nötigte ihn in einen Sessel und wies Antje an, das Gulasch, das wir als Abendmahl hatten, aufzuwärmen und aus dem Keller einen guten Wein zu holen. Mein Vater und mein Bruder waren ausgegangen, sodass wir das Haus für uns allein hatten. Holmes saß minutenlang schweigend mit geschlossenen Augen in seinem Sessel. Ich drängte ihn nicht zu erzählen, die schwere Arbeit im Packhaus hatte deutliche Spuren hinterlassen. Schließlich blickte er auf, lachte herzlich und entfernte Bart und Brille. Auch wischte er mit seinem Taschentuch eine merkwürdige Paste von Nase und Wangen, und darunter kam sein bekanntes Gesicht zum Vorschein.

Erleichtert stöhnte ich auf: »Sie haben mir einen gehörigen Schrecken eingejagt, Holmes. Ich dachte schon, Sie wären ernsthaft krank geworden bei der schweren Arbeit im Packhaus.«

»Wo denken Sie hin, Hellmann. Ich habe mich noch nie so wohlgefühlt. Körperliche Arbeit ist mir immer ein willkommener Ausgleich zu meinen geistigen Aktivitäten, sie hält mich fit.«

Als wir vor den dampfenden Schüsseln saßen und einen ersten Schluck von dem köstlichen Wein getrunken hatten, begann er zu erzählen.

»Wir sind ein großes Stück weitergekommen, mein lieber Hellmann. Die Arbeit im Packhaus ist höchst aufschlussreich.«

Wenn Sie gestatten, verehrter Leser, übergebe ich zur besseren Anschaulichkeit an dieser Stelle das Wort an Sherlock Holmes und lasse ihn die Ereignisse aus seiner Sicht schildern.

»Ich bin also mit Sven zuerst in den ›Schwarzen Kater‹ gegangen. Dort haben uns die anderen Arbeiter und Fischer mit großem Hallo begrüßt. Sven scheint sehr beliebt zu sein unter seinen Kollegen, was mich nicht wundert. Er ist sehr unterhaltsam und erzählt einen Witz nach dem anderen. Ein wenig zu derb für meinen Geschmack, aber er kommt gut an. Auch sitzt ihm das Geld sehr locker in der Tasche, er hat den anderen Gästen gleich zwei Runden Branntwein spendiert, und das dürfte keine Ausnahme gewesen sein. Ich frage mich, wie er sich das leisten kann. Sven gibt deutlich mehr Geld aus, als er verdient, so viel ist klar. Wir müssen das im Auge behalten, Hellmann!

Aber nicht nur in der Kneipe, auch im Packhaus wird viel getrunken. Sobald Tante Käthe außer Sicht ist, macht die Schnapsflasche die Runde. So unrecht hat die alte Dame nicht, ihre Arbeiter sind schon ein versoffenes Volk. Ich trinke zum Schein fleißig mit, bei einer Flasche und diesem Dämmerlicht fällt es nicht auf, ob man überhaupt was trinkt. Und zur Not lasse ich den Alkohol am Mund vorbei in den Kragen laufen. Tante Käthe meint zwar, ich stinke wie ein Fass Branntwein, doch weil ich an einem Tag so viel schaffe wie andere an zwei Tagen, lässt sie mich in Ruhe. Jedenfalls habe ich mir auf diese Weise das Vertrauen von Sven erworben. Ich bin für ihn jetzt sein bester Freund und erfahre dadurch so einige Geheimnisse.«

Wie Sie sich vielleicht vorstellen können, war ich einigermaßen entsetzt über Holmes' leichtfertigen Umgang mit

Freundschaft. Wie konnte man einen anderen Menschen nur so täuschen und hintergehen, um an Informationen zu kommen? Holmes schien meinen Gedanken zu erahnen, denn er fuhr fort: »Nun schauen Sie nicht so entgeistert, mein lieber Hellmann. Es geht schließlich um Mord, da sind alle Mittel erlaubt. Als Erstes hat Sven mir seine Liebe zu Barbara gebeichtet. Wobei das ein offenes Geheimnis ist, denn an Selbstbewusstsein mangelt es ihm nicht. Umso mehr hat es ihn gewurmt, dass seine Angebetete ihn nicht erhört hat. Sie hätten hören sollen, wie er über Friedhelm hergezogen ist, weil Barbara ihn bevorzugte. Mir gegenüber hat er geäußert: ›Wer den Friedhelm erschlagen hat, hat der Welt einen Gefallen getan‹. Wenn der meiner Barbara was anhängt, dann schneid' ich ihm die Kehle durch, soll er außerdem gesagt haben. Das hat mir ein Kollege berichtet, und es deckt sich mit meinen Beobachtungen.

Obwohl er so beliebt ist, wird Sven gefürchtet. Ich möchte ihn nicht zum Feind haben. Er neigt zum Jähzorn. Zumindest Fremden gegenüber. Wenn ihm im Gasthaus jemand dumm kommt oder ihn auf den Arm nimmt, gibt es schnell eine Schlägerei. Dabei kann Sven gut austeilen, seine Gegner haben keine Chance, er ist zu groß und zu stark. Selbst Tante Käthe behandelt ihn mit Respekt und wagt nicht, das Wort gegen ihn zu erheben. Er sitzt nun jeden Abend in der ›Krabbe‹ und wartet darauf, dass Barbara zurückkommt.

Er sagt zwar, dass er am Tag des Mordes nicht in der ›Krabbe‹ war, aber ich glaube ihm nicht. Zum einen hat Barbara angedeutet, dass er dort gewesen sein könnte, zum anderen ist er nicht erst seit Kurzem täglicher Gast in dieser Schänke. Ich habe erfahren, dass er schon früher jeden Abend eine Mahlzeit dort eingenommen hat. Warum hätte er an jenem Sonntag eine Ausnahme machen sollen? Bezeugen möchte dies niemand, aber wer legt sich schon mit so einem kräftigen und zugleich jähzornigen Mann an? Ich denke, insgeheim halten viele ihn für den Mörder. Alle wissen um seine Liebe zu Barbara und seine Eifersucht auf Friedhelm. Den Ring, den wir am Tatort gefunden haben, hat er indes nicht erkannt. Ich habe ihn bei einer Gelegenheit aus meiner Tasche gezogen und erzählt, dass ich ihn gefunden habe und für meine zukünftige Verlobte aufhebe. Da hat Sven nur gelacht und gemeint, ich solle mir erst eine Verlobte zulegen, dann das Stück Altmetall entsorgen und etwas Vernünftiges kaufen.

Hellmann, wir müssen Sven auf die Liste der Verdächtigen setzen, obwohl es mir nicht gefällt, denn ich halte ihn für einen aufrechten Zeitgenossen. Aber er hat kein Alibi. Als ich ihn vorsichtig ausgefragt habe, wo er an dem Abend war, hat er erklärt, dass er einen über den Durst getrunken und zu Hause seinen Rausch ausgeschlafen hat. Das mit dem Rausch stimmt, das habe ich überprüft. Er hat in den Kneipen an der Schlachte am Sonntagnachmittag ordentlich gebechert. Aber ist er anschließend direkt nach Hause gegangen? Ist er nicht vielleicht wie üblich in die ›Krabbe‹ gegangen, um etwas zu essen? Und hat dort brühwarm von den anderen Gästen erfahren, dass seine Barbara auf ihrem Zimmer Besuch von Friedhelm hat?«

»Aber warum sollte Barbara schweigen? Sie muss doch gesehen haben, wie Sven in ihr Zimmer gegangen ist. Warum hat sie ihn nicht daran gehindert?«, wandte ich ein.

»Bedenken Sie, dass Barbara von halb sechs bis sechs Uhr der alten Marga das Essen gebracht hat. Sie war also eine halbe Stunde nicht in der ›Krabbe‹. In dieser Zeit ist der Mord vermutlich passiert: Sven geht in ihr Zimmer, erschlägt Friedhelm und verschwindet.«

»Und niemand will ihn gesehen haben? Ist das nicht sehr unwahrscheinlich? Sven ist eine auffällige Erscheinung.«

»Aber er ist beliebt. Bedenken Sie außerdem, dass im Schnoor viele arme Leute leben. Nicht wenige bestreiten ihren Lebensunterhalt mit Betteln oder krummen Geschäften und möchten mit der Polizei nichts zu tun haben. Schauen Sie sich allein den Wirt Knut Hartje an: Halten Sie ihn für glaubwürdig?«

»Auf keinen Fall«, sagte ich und erinnerte mich an das verschwitzte und aufgedunsene Gesicht des Wirts. »Er ist das reinste Bierfass.«

»Genau, er trinkt offensichtlich mehr, als gut für ihn ist. Dass er im Obergeschoss seiner Gaststube die Prostitution erlaubt, wirft ebenfalls kein gutes Licht auf ihn. Er ist ganz klar eine zwielichtige Gestalt, und ich würde mich nicht wundern, wenn dies auf seine Söhne abgefärbt hat. Wobei Ludwig außen vor ist, er ist noch nicht zurückgekehrt, und vermutlich bleibt er für immer auf See.«

»Was ist mit dem anderen Verehrer? Mit Gustav?«, wollte ich wissen.

»Gustav weilt derzeit in Brake, wo er eine Ladung Holz abliefert. Er war am Sonntagmittag in der ›Krabbe‹, hat mir Kommissar Meier berichtet. Um zwei Uhr soll er dann wieder zu seinem Schiff gegangen sein. Dies haben Knut Hartje und zwei andere Gäste, die sich ebenfalls am Mittag in der Gaststube aufgehalten haben, bestätigt. Gustav ist allerdings erst am Montagmorgen nach Brake aufgebrochen. Es ist folglich durchaus möglich, dass er am Sonntag erneut in die ›Krabbe‹ gegangen ist und Friedhelm erschlagen hat. Wenn er am Nachmittag gesehen hat, wie Friedhelm zu Barbara aufs Zimmer geschlichen ist, hätte er durchaus ein Motiv.«

»Dann muss er die ›Krabbe‹ und Barbara aber stundenlang beobachtet haben«, warf ich ein.

»Ja, das setzt eine recht penetrante Beobachtung des Gasthauses voraus«, stimmte Holmes mir zu. »Es ist durchaus möglich, wenn auch wenig wahrscheinlich. Aber nehmen wir an, dass er Barbara mittags den Hof gemacht hat und von ihr abgewiesen wurde. Möglicherweise hat Barbara ihn sogar eifersüchtig gemacht, indem sie von Friedhelm erzählt oder angedeutet hat, dass sie an diesem Nachmittag Herrenbesuch erhält.«

»Dazu würde aber eine große Portion Dummheit gehören, Friedhelm war schließlich verheiratet, da erzählt man doch so was nicht rum.«

»Auf mich macht Barbara nicht den Eindruck, als wäre sie mit großer Intelligenz gesegnet. Und sie ist ziemlich eitel. Das bedeutet, sie könnte durchaus mit einem Herrenbesuch geprahlt haben. Gustav erfährt also mittags, dass Barbara am Nachmittag einen Herrn erwartet. Er geht zunächst zu seinem Schiff, um bald darauf zurückzukehren und die ›Krabbe‹ zu beobachten. Sagen wir, er setzt sich in eines der anderen Gasthäuser am Stavendamm und behält die Tür der Kneipe im Auge.

Gegen drei Uhr kommt Friedhelm und geht hinein. Gustav, der Friedhelm schon häufig in der ›Krabbe‹ mit Barbara hat schäkern sehen, verlässt seinen Posten in dem anderen Lokal, schleicht sich an ein Fenster der ›Krabbe‹ und sieht, wie Barbara und Friedhelm zusammen nach oben gehen. Die Eifersucht in ihm ist entbrannt, und er hat nur noch einen einzigen Gedanken: Friedhelm zu töten. Aber es ist noch hell, und er wagt es nicht, den beiden nach oben zu folgen. Barbara möchte er schließlich nicht umbringen, und sie wäre eine lästige Zeugin. Darum geht er wieder zu seinem angestammten Beobachtungsposten.

Um halb sechs kommt Barbara heraus und geht mit dem Essen zu Marga. Gustav ist überzeugt, dass Friedhelm noch in ihrem Zimmer sein muss, er hat ihn schließlich nicht herauskommen sehen. Er schleicht sich in die ›Krabbe‹, darum bemüht, dass er keinem Gast auffällt. Möglicherweise schaut er erst durchs Fenster, um sicher zu sein, dass der Wirt nicht an seinem Platz ist. Dann geht er möglichst unauffällig ins Obergeschoss und findet dort Friedhelm in Barbaras Bett. Er greift zum Bügeleisen, das auf dem Tisch steht, und erschlägt ihn. Danach entfernt er sich schnell und läuft zu seinem Schiff.«

»Mmh«, brummte ich. »Das hört sich alles sehr umständlich an. Da muss Gustav regelrecht besessen von Barbara sein, um stundenlang das Haus zu beobachten und schließlich zur Tat zu schreiten. Der ist doch dann nicht ganz richtig im Kopf.«

»Umständlich ja, aber nicht unmöglich. Die Liebe treibt die sonderbarsten Blüten, Hellmann. Die Liebe und möglicherweise zusätzlich die Religion. Vergessen Sie nicht, was Barbara uns über ihn erzählt hat, er hielt die ›Krabbe‹ für einen

Sündenpfuhl, religiöse Motive könnten eine Rolle spielen. In ein paar Tagen wird Gustav wieder in Bremen erwartet, er soll auf seinem Rückweg Ladung für Minden aufnehmen. Dann schauen wir uns diesen Zeitgenossen genauer an.

Somit hätten wir drei Verdächtige, denen wir weiter auf den Zahn fühlen müssen. Doch wir dürfen nicht ausschließen, dass es eine ganz andere Person gewesen sein kann. Um einen Schlafenden mit einem Bügeleisen zu erschlagen, braucht es nicht viel Kraft, das Bügeleisen ist schwer und erledigt die Arbeit sozusagen von selbst. Es könnte sogar das Werk einer Frau sein. Mein Intermezzo im Packhaus ist vorerst beendet. Tante Käthe hat keine Arbeit mehr für mich, was mir sehr zupasskommt, weil ich mich dann meinen anderen Ermittlungen widmen kann. Ich nehme jetzt ein heißes Bad und erhole mich ein wenig. Morgen ist Sonntag, den sollten wir an der frischen Luft genießen. Was halten Sie davon?«

Ich willigte freudig ein, und Holmes erhob sich, um zu gehen.

»Ach ja, bevor ich es vergesse. Ich habe hier einen Brief für Sie.« Damit überreichte er mir ein Kuvert, das an mich adressiert war, und verließ unser Haus.

Kapitel 11

Verwundert blickte ich auf den Briefumschlag, auf dem mit schöner, geschwungener Handschrift lediglich mein Name stand. Die Schrift kam mir sehr bekannt vor, und mein Puls schlug schneller. Konnte es sein, dass mein Nachbar eine Botschaft für mich von Sophie erhalten hatte? Ich widerstand dem Impuls, das Kuvert unverzüglich aufzureißen. Wenn es tatsächlich ein Brief von Sophie war, dann war dies ein feierlicher Moment, den ich gebührend würdigen wollte. Folglich goss ich mir ein weiteres Glas von dem guten Rotwein ein, entzündete einige Kerzen und setzte mich im Wintergarten gemütlich in einen Sessel. Mein braver Hektor hatte zu meinen Füßen Platz genommen und blickte aus seinen braunen Terrieraugen treu zu mir auf, als wüsste er, dass ich wieder eine Botschaft von Sophie in meinen Händen hielt. Jetzt erst öffnete ich vorsichtig den Umschlag und las die erste Zeile:

»Mein geliebter Johannes!«

Mein Herz schlug mir bis zum Hals, und ein warmes Glücksgefühl durchströmte mich. Es war wirklich eine Nachricht von Sophie. Schnell las ich weiter.

»Wie froh bin ich, Dir endlich diese Zeilen schreiben zu dürfen. So lange haben wir nichts voneinander gehört, so lange sind wir nun schon getrennt. Dein Nachbar und unser Nachmieter Herr Holmes hat sich freundlicherweise bereit erklärt, meine Nach-

richt an Dich zu übermitteln. Du kannst Dir nicht vorstellen, wie groß meine Freude war, als ich von ihm einen Brief bekam, in dem er mir dieses Angebot unterbreitet hat. Leider kann ich Dir nicht direkt schreiben, Dein Vater würde meinen Brief sonst sicher abfangen, wie Du mir bei meiner Abreise erklärt hast. Umso schöner, dass sich uns nun dieser Weg eröffnet.

Inzwischen bin ich mehrere Wochen in Hamburg und habe viele Tränen in mein Kissen geweint. Die Trennung von Dir macht mich traurig, wie sehr vermisse ich Dich. Ich denke an Dich, wenn ich morgens aufstehe und wenn ich abends zu Bett gehe. Am Tag begleitest Du meine Gedanken, und in der Nacht träume ich von Dir. Ich hoffe inständig, dass wir uns eines Tages wiedersehen. Wer weiß, was uns das Schicksal noch beschert.

Wie Du weißt, sind wir hier nach Hamburg gekommen, um meinem gebrechlichen Großvater den Haushalt zu führen. Es ist eine anstrengende Angelegenheit, denn er ist ein störrischer Esel. Nichts kann man ihm recht machen. Mal ist die Suppe zu heiß, dann wieder zu kalt. Dann beschwert er sich, dass wir zu viel Holz für den Kamin verbrauchen, und wenn wir sparsamer damit umgehen, friert er. Wenn ich Klavier übe, klagt er über den Lärm, und wenn ich meine Freundinnen einlade, nennt er sie gackernde Hühner. Ich sehne mich nach Bremen zurück und nach dem friedlichen Leben, das wir geführt haben.

Der einzige Lichtblick ist der tägliche Besuch der Präparandenanstalt, wo ich auf das Lehrerinnenseminar vorbereitet werde. Hier habe ich liebe Freundinnen gefunden, und wir lachen und scherzen viel miteinander. Zu meiner Schande muss ich gestehen, dass wir sehr häufig in der Konditorei an der Alster zu Gast sind, die leckeren Kuchen und Torten sind einfach zu verführerisch. Du würdest mir sicher zustimmen, wenn Du sie probiert hättest. Ich bin sehr fleißig und lerne so einiges in Rechtschreibung, Mathematik und Zeichnen. Aber manchmal kommt mir der Gedanke, dass Volksschullehrerin vielleicht doch nicht der richtige Beruf für mich sein könnte, obwohl Vater es sich so sehr gewünscht hat. Wenn ich später heirate, darf ich meinen Beruf nicht mehr ausüben, das sind betrübliche Aussichten. Und ein Leben lang unverheiratet zu bleiben, ist erst gar nicht vorstellbar.

Verzeih, wenn ich von Heirat spreche. Ich weiß, dass es für uns keine Zukunft gibt, und doch ist der Mensch ein dummes Wesen, das an seinen Träumen hängt und sie nicht loslassen möchte. Haben wir uns doch schon insgeheim ewige Treue geschworen. Und wenn ich das Foto von Dir betrachte, das Du mir gegeben hast, dann erzählt mir mein Herz etwas ganz anderes als mein Verstand mir sagt. Ach, mein geliebter Johannes, wie gerne säße ich jetzt mit Dir im Laubengang im Bürgerpark, wie wir es so manches Mal getan haben. Verborgen vor den neugierigen Blicken der anderen in trauter Zweisamkeit. Wie gerne würde ich wieder mit Dir in einem der Ruderboote auf den vielen Seen und Wasserläufen des Parks rudern. Weißt Du noch, wie Du beinahe ins Wasser gefallen wärst bei dem Versuch, ein verloren gegangenes Ruder einzufangen? Das Boot hat derart geschaukelt, dass auch ich Mühe hatte, mich festzuhalten. Was waren das für fröhliche und glückliche Stunden!

Noch vieles könnte ich aufschreiben, was mir an wertvollen Erinnerungen an Dich geblieben ist, doch drängt die Zeit, und Großvater braucht bald seine Medizin, die ich in der Apotheke besorgen muss. Könnte ich sie nur in Deiner Apotheke holen. Ich bitte Dich innigst, bitte schreibe mir. Meine Mutter hat nichts dagegen, sie hätte gegen eine Verbindung zwischen uns nichts einzuwenden, wie Du weißt.

Ich hoffe und warte sehnlichst auf Post von Dir.

Mit innigsten Grüßen und Küssen, in unendlicher Liebe,

Deine Sophie«

Mit diesen Worten endete der Brief. Ich kann gar nicht beschreiben, wie sehr mich diese Zeilen berührten. Ich schwankte zwischen Lachen und Weinen, und eine unendliche Sehnsucht stieg in mir empor. Wonne und Pein wechselten in meinem Herzen, das sich für keines von beiden entscheiden konnte. Nachdem sich der Sturm meiner Gefühle ein wenig gelegt hatte, holte ich umgehend Feder, Tinte und einen Briefbogen aus dem Schreibtisch und machte mich daran, Sophie ausführlich zu antworten. Ich bitte um Ihr Verständnis, geneigter Leser, wenn ich Sie über den intimen Inhalt des Briefes im Unklaren lasse. Es ist doch eine sehr persönliche Sache, und am Ende halten Sie mich für einen sentimentalen, wehleidigen Romantiker. Dieses Risiko möchte ich lieber nicht eingehen. Doch so viel sei gesagt: Ich berichtete Sophie nicht ohne Stolz von meinen Abenteuern mit Sherlock Holmes, obwohl ich, das muss ich zugeben, einige Details ausließ.

Kapitel 12

Eine Kutsche holte Holmes und mich am Sonntagnachmittag zum Ausflug ab. Zu meiner Verwunderung hatte Holmes keinen Einspänner gewählt, in dem wir zu zweit bequem Platz gefunden hätten, sondern einen Landauer mit vier Plätzen.

»Erwarten Sie noch Mitfahrer?«, erkundigte ich mich verwundert.

»Ich habe mir gestattet, Line Beck zu einem Besuch im Kaffeehaus am Emmasee einzuladen«, beschied mir Holmes. »Wir holen sie im Schnoor ab.«

»Aber wir sind nicht verkleidet«, gab ich zu bedenken. »Sie wird uns nicht erkennen.«

»Ich habe sie eingeweiht, sie wird uns nicht verraten. Line ist eine einfache, aber durchaus kluge Frau. Außerdem habe ich genügend andere Rollen in petto.«

Ich bemühte mich, meine Enttäuschung zu verbergen. Hatte ich mich doch auf einen gemütlichen Nachmittag mit Holmes gefreut und so gar keine Lust, diesen mit einer trauernden Witwe zu verbringen. Außerdem verband ich mit dem Kaffeehaus viele Erinnerungen an Sophie, oft waren wir dort zu einer Ruderpartie aufgebrochen oder hatten einem Konzert gelauscht. Ohne sie würde der Aufenthalt an diesem Ort eine trübsinnige Angelegenheit werden. Aber bei dem großen Detektiv ging Ermittlung vor Gemütlichkeit, und ich fand mich seufzend damit ab. Zu guter Letzt war ich an seiner Arbeit interessiert, und es erwies sich immer als spannend, ihn zu begleiten.

Wir nahmen Platz, und der Wagen holperte über das Pflaster der Schönhausenstraße. Hektor hatte ich zu dem Ausflug mitgenommen, und er ließ sich zu unseren Füßen nieder. Das Verdeck war geöffnet, und wir ließen uns von den schwachen Sonnenstrahlen der Novembersonne bescheinen. Der Kutscher lenkte sein Gefährt in die Herderstraße, deren Häuser mit imposanten Fassaden mit vielen Säulen, Statuen und klassizistischen Verzierungen glänzten. In den vergangenen Jahrzehnten hatte Bremen einen regelrechten Bauboom erlebt. Der Hansestadt ging es nach einigen Krisen wieder gut, dies war vor allem dem florierenden Handel geschuldet. Die Stadt wuchs, und wo früher noch Felder und Äcker waren, entstanden neue Straßen und ganze Quartiere. Weiter ging es durch die Humboldtstraße, den Dobben und dann den Osterdeich entlang. An der Holzpforte hielt die Kutsche, Holmes hieß den Kutscher warten und stieg aus.

»Einen Moment bitte, Hellmann. Ich hole Frau Beck ab.« Mit diesen Worten verschwand er im engen Durchgang zur Wüstenstätte. Nach einer Weile kehrte er mit der jungen Frau zurück. Ich erkannte sie zuerst nicht wieder, so sehr unterschied sie sich von der verzweifelten Frau, der wir in der »Krabbe« begegnet waren. Ihre feinen Gesichtszüge waren nicht mehr vom Weinen entstellt, das blonde Haar hatte sie unter einem kleinen Hütchen hochgesteckt. Sie trug ein fast elegantes, schwarzes Kleid und darüber einen grauen Mantel, ihre Hände steckten in feinen Lederhandschuhen. Zwei Wochen war es jetzt her, dass sie die Leiche ihres Mannes entdeckt hatte. Dafür wirkte sie erstaunlich gefasst.

Wir begrüßten einander, und Line Beck nahm mir gegenüber Platz. Nachdem ich ihr mein Beileid ausgedrückt hatte, verlief die Fahrt sehr schweigsam. Holmes hatte sich zurückgelehnt und genoss seine Pfeife, und ich fühlte mich zu befangen, um ein Gespräch zu beginnen. Worüber unterhält man sich mit einer Frau, deren Mann vor Kurzem ermordet wurde? Einzig Hektor sorgte für ein wenig Auflockerung, denn er schloss schnell Freundschaft mit Frau Beck und ließ sich bereitwillig streicheln. Endlich erreichten wir den Bürgerpark, und Holmes erwachte aus seinen Grübeleien.

»Liebe Frau Beck, oder gestatten Sie, dass ich Line zu Ihnen sage?«

»Aber gerne, Herr Holmes! Schließlich haben Sie mich an dem Tag, an dem mein Mann starb, davor bewahrt, ins Gefängnis zu kommen. Der Kommissar hätte mich sofort mitgenommen und in Kricks Hotel abgeliefert. Ich stehe tief in Ihrer Schuld.«

»Mitnichten, Line, jeder Mediziner hätte erkannt, dass Friedhelm bereits über eine Stunde lang tot war, als Sie gekommen sind.«

Wir stiegen aus der Kutsche, und Holmes reichte Line seinen Arm. So viel Galanterie hätte ich meinem oft unterkühlt wirkenden Nachbarn gar nicht zugetraut. Ich nahm Hektor an die Leine, der fröhlich umhersprang und jeden Artgenossen bellend begrüßte. Wir spazierten am Hollersee vorbei. Der blaue Himmel spiegelte sich in dem See, der symmetrisch eingefasst war und um den zahlreiche Spaziergänger flanierten. An schönen Tagen war der Bürgerpark regelrecht überlaufen, dies hatte es Sophie und mir erst ermöglicht, unauffällig in der Masse zu verschwinden.

»Verzeihen Sie, Line, aber ich muss Ihnen noch einige Fragen zu Ihrem Mann stellen. Fühlen Sie sich in der Lage, mir diese zu beantworten?«

»Sicher, Herr Holmes, fragen Sie ruhig. Ich möchte auch wissen, wer meinen Friedhelm erschlagen hat.« So gefasst Line auch wirkte, an Kleinigkeiten war deutlich zu erkennen, dass sie unter einer großen Anspannung stand. Nervös kaute sie an ihrer Unterlippe, mit einem Taschentuch betupfte sie immer wieder ihre Nase.

»Erzählen Sie mir von Ihrem Mann. Was war er für ein Mensch?«

»Friedhelm war wie sein Vater immer schon Flussfischer und stolz darauf. Er hat zu den Amtsfischern gehört, da gibt es nur noch wenige. Das kann nicht jeder werden, wissen Sie, das wird vererbt, und mein Mann hat es von seinem Vater übernommen.«

»Liefen die Geschäfte gut?«

»Nein, nicht besonders, es gab immer weniger Fische in der Weser, darum haben viele aufgehört. Und die Dampfboote haben die Fische zusätzlich vertrieben, Friedhelm hat immer über die geschimpft. Aber er hat trotzdem genug Lachse, Barsche, Aale und Stinte gefangen, dass es für uns gereicht hat.«

»An wen hat er seinen Fang verkauft?«

»Meistens an Bodes am Ostertorsteinweg, die haben auch eine Räucherei.«

»Führt jemand das Geschäft weiter, haben Sie einen Sohn, der in seine Fußstapfen treten kann?«

»Wir haben drei Kinder, doch die sind zu klein. Der Älteste ist gerade mal neun Jahre alt. Ich weiß nicht, was werden soll mit dem Boot, den Netzen. Zum Glück gehört uns das Haus, es ist das Elternhaus von Friedhelm, seine Mutter lebt bei uns. Und mein Mann hat in letzter Zeit viel zusammengespart.«

»Sie sagten neulich bereits, dass er seit einem Jahr mehr Geld verdient hat. Haben Sie eine Ahnung, woher es kam?«

»Er hat gesagt, dass er eine neue Stelle gefunden hat, wo die Hechte gut stehen.«

»Und das reicht, um den Geldsegen zu erklären, denn das war es doch wohl?«

»Na ja, es war schon viel, was er mit nach Hause gebracht hat. Aber ich hatte nicht so den Überblick, um Geld hat sich mein Mann gekümmert. Wenn ich jetzt so sehe, was er uns hinterlassen hat, es ist wie ein Wunder.«

»Es ist mehr, als Sie erwartet haben?«

»Oh, es ist ein kleines Vermögen!« Line strahlte. »Wir müssen uns erst mal keine Sorgen machen.«

»Könnte es sein, dass er eine zweite Geldquelle neben der Fischerei aufgetan hat?«

»Eine Geldquelle? Was soll das sein?« Line schaute etwas ratlos drein.

»Hat er vielleicht einem Nachbarn geholfen oder einen Kaufmann bei seinen Geschäften unterstützt? Sie wohnen direkt neben dem Packhaus, da könnte sich doch eine Gelegenheit für einen Nebenverdienst ergeben haben.«

»Ja, mag sein.« Line blickte uns nach wie vor hilflos an. »Friedhelm war ein neugieriger Mann, und er kannte alle hier im Schnoor. Er hat mit jedem gesprochen und war immer bestens über alles informiert. Oft hat er den anderen zu viel reingeredet, konnte seinen Mund schlecht halten. Kann schon sein, dass er das ein oder andere gemacht hat. Ich weiß es nicht, er war viel weg und selten zu Hause. Und dann liegt er da bei dieser Barbara ...« Bei diesen Worten stiegen Line die Tränen in die Augen, die sie tapfer zurückhielt.

»Verzeihen Sie, Line, wenn ich Ihnen diese schmerzhafte Frage stelle, aber sie ist unerlässlich für meine Ermittlungen: Wer wusste davon, dass Friedhelm bei Barbara war?«

»Wer davon wusste?« Line konnte ihre Trauer nun nicht mehr verbergen und schluchzte laut auf. »Wie es aussieht, wussten alle davon, sogar der Lumpensammler, nur ich nicht.«

»Anders gefragt«, lenkte Holmes ein, »können Sie sich vorstellen, wer Ihren Mann erschlagen hat?«

»Wieso sollte ihn jemand erschlagen? Er hat niemandem was getan. Man tötet doch keinen, weil er manchmal zu viel redet.«

»Da haben Sie recht, das ist ein wenig überzeugendes Mordmotiv. Auf der anderen Seite könnte er dabei etwas ausplaudern, und das wollte der Mörder verhindern. Gab es andere Frauen in seinem Leben?«

Line starrte Holmes entgeistert und beleidigt an.

»Andere Frauen? Ich habe Ihnen schon gesagt, dass er nur mich geliebt hat.« Damit war für sie das Thema erledigt, und sie kaute noch nervöser auf ihrer Unterlippe herum.

Inzwischen war das Kaffeehaus am Emmasee in unser Sichtfeld gerückt. Das schlichte Fachwerkhaus besaß einen Musikpavillon und eine Grotte, in die ich mich mit Sophie gerne zurückgezogen hatte. Besonders bei den Konzerten und den Feuerwerken ging es hier turbulent zu. An diesem Sonntag hörten wir schon von Weitem fröhliche Blasmusik.

»Mozart«, erkannte Holmes sofort den Komponisten. »Es wirkt doch recht eigentümlich«, sinnierte er, »die filigranen und verspielten Kompositionen Mozarts derart von Blechbläsern zerschmettert zu sehen. Da lobe ich mir unseren Georg Friedrich Händel und seine Feuerwerksmusik, selbst wenn die Uraufführung mit dem Feuerwerk ein einziges Desaster war.«

»Wieso?«, erkundigte ich mich, froh darüber, vom Mord an Friedhelm etwas ablenken zu können.

»Die Kulissen gingen in Flammen auf, und das Publikum musste sich vor den Raketen in Sicherheit bringen«, erzählte Holmes. »Und letztendlich hat es geregnet.«

Erneut durfte ich über sein Interesse an Musik staunen, denn nun hielt Holmes einen ausführlichen Vortrag über den großen Komponisten, der über vierzig Jahre bis zu seinem Tod in London gelebt hatte.

Im Kaffeehaus angekommen, wählten wir einen Platz am Fenster, von wo aus wir einen herrlichen Blick auf den See hatten. Die Torten und Kuchen, in einer Vitrine ausgestellt, sahen verlockend aus, und ich bemerkte, dass sich Line trotz ihres Kummers über den kleinen Luxus freute. Wir genossen Kaffee und Kuchen, während Holmes weiter von Händel und seinem Leben berichtete. Ich heuchelte Interesse, während meine Gedanken bei Sophie waren, Line widmete sich mit Vergnügen ihrer Marzipantorte.

»Line, könnte ich nach unserem kleinen Ausflug bei Ihnen zu Hause einen Blick auf die Habseligkeiten Ihres Mannes werfen?«, wechselte Holmes unvermittelt das Thema.

Die Witwe schrak auf, war sie doch vollauf mit ihrer Torte beschäftigt.

»Aber ja«, stammelte sie. »Wenn es sein muss. Ich habe alles in eine große Kiste gepackt, es schmerzt mich zu sehr, Friedhelms Sachen zu sehen.«

»Gut, dann lassen Sie uns keine Zeit verlieren und aufbrechen.«

Kapitel 13

Abermals standen wir auf dem kleinen Platz vor dem Packhaus, allerdings lag unser Ziel drei Häuser weiter rechts. In Nummer 7 wohnte Line mit ihren drei Kindern und ihrer Schwiegermutter. Es war ein kleines, unscheinbares Häuschen mit zwei Etagen und keine vier Meter breit. Wir folgten Line, die mit ihrem Schlüssel aufschloss, in die schummrige Stube.

Während Holmes forsch eintrat, zögerte ich beklommen, schließlich war dies ein Trauerhaus. Selbst Hektor, sonst immer der Erste, wenn es galt, etwas Neues zu entdecken, hielt sich zurück. In einer Ecke saß die schwarz gekleidete Mutter Friedhelms in einem Lehnstuhl und hielt einen Säugling auf dem Arm, zwei Kinder standen neben ihr und blickten uns erwartungsvoll an. Alles wirkte bedrückend und armselig, es roch feucht und modrig, und an den Wänden bröckelte der Putz. Tapeten gab es nicht, auch keinen Teppich auf dem Steinfußboden. Einzig ein schöner Holztisch und einige Stühle schienen neueren Datums zu sein, sie legten Zeugnis ab von dem jüngsten Geldsegen. Hier wohnten nur fünf Personen, ging es mir durch den Kopf. Wie mochte es nur in den anderen Häusern im Schnoor aussehen, in denen acht Menschen und mehr zusammenlebten?

Schnell legte ich eine Tüte, die ich vom Kaffeehaus mitgebracht hatte, auf den Tisch und murmelte etwas, das wie eine Beileidsbekundung klingen sollte. Ich war froh, dass ich daran gedacht hatte, den Kindern etwas mitzubringen. Die schauten mich nur schüchtern an und schwiegen.

»Hier, für euch«, ergriff ihre Mutter die Initiative und öffnete die Tüte. Zum Vorschein kamen sechs mit Creme gefüllte und mit Marzipan überzogene Biskuitkartoffeln, die für einen lauten Aufschrei sorgten. Begeistert stürzten sich der Junge und seine kleine Schwester auf die Süßigkeit, und schon bald waren ihre Münder mit Creme verschmiert. Auch ihre Großmutter ließ sich eine Biskuitkartoffel reichen, und als ich sah, wie ihre Augen aufleuchteten, tat es mir einen Stich ins Herz, und ich war auf seltsame Weise peinlich berührt. Was für mich selbstverständlich war, war für diese Familie ein großes Geschenk. Wie ungerecht ging es in der Welt zu. Holmes schien das alles nicht wahrzunehmen, sondern blickte sich akribisch in der Stube um, als wäre es ein Tatort.

»Wo ist die Truhe, in der Sie die Sachen Ihres Mannes verwahrt haben?«, wollte er von Line wissen.

»Die Truhe ist oben unterm Dach«, sagte Line und wies auf eine steile Treppe im Hintergrund.

Und so begaben wir uns ein weiteres Mal auf einer Stiege im Schnoor in ein Obergeschoss. Hektor, der seine Scheu überwunden hatte, ließ ich unterdessen unten bei den Kindern, die vergnügt mit ihm spielten. Oben befanden sich zwei kleine Kammern, vermutlich die Schlafzimmer, wenn man denn von Zimmern sprechen konnte. Line deutete auf eine Leiter, die an der Wand lehnte, und auf eine verschlossene Dachluke.

»Dort ist die Truhe«, sagte sie.

Holmes machte sich umgehend ans Werk und erkletterte die Leiter, öffnete die Luke und verschwand in der Dunkelheit.

»Haben Sie eine Laterne für mich?«, rief er hinab.

»Sofort«, erwiderte Line und holte das Gewünschte aus

einer Kammer. Ich nahm die Lampe in Empfang und erklomm damit die Leiter. Holmes, um Streichhölzer nie verlegen, entzündete den Docht.

»Bitte seien Sie vorsichtig«, drang Lines Stimme zu uns. »Wenn es hier anfängt zu brennen, brennt gleich alles ab.«

Damit hatte sie unverkennbar recht. Denn auf dem winzigen Dachboden, wo wir nicht aufrecht stehen konnten, befanden sich zahlreiche Seile und Schnüre, geflochtene Körbe und etliche Kisten.

»Und die Kleider von Friedhelm sind alle frisch gewaschen«, schallte es noch zu uns herauf.

»So so, frisch gewaschen«, grummelte Holmes und schien wenig begeistert. Er machte sich an einer großen Holztruhe zu schaffen, die unter der Dachschräge stand. Zum Vorschein kamen grobe Fischerkleidung, einiges an Wäsche, Mützen, Stiefel und Holzschuhe, gestrickte Socken und mehr. Es war mir unangenehm, wie Holmes jedes einzelne Teil sorgfältig inspizierte, in jede Tasche blickte und sogar das Futter der Stiefel untersuchte. Aber es musste wohl sein, schließlich war er nicht umsonst ein berühmter Detektiv. Unter den Kleidungsstücken beförderte er etliche Schriftstücke hervor, sorgfältig mit einem Band zusammengebunden.

»Dies nehmen wir mit nach unten, Hellmann. Hier ist es viel zu dunkel, um die Unterlagen zu sichten.«

Mit diesen Worten verschloss er die Truhe und stieg wieder nach unten. Ich folgte ihm, die Laterne vorsichtig in meiner linken Hand. Wobei ich anmerken möchte, verehrter Leser, dass es um meinen linken Arm inzwischen besser bestellt war, und ich ihn für leichte Tätigkeiten wieder beanspruchen konnte.

»Wenn Sie gestatten, leihen wir uns diese Briefe und Papiere für einige Tage aus«, bemerkte Holmes zur Witwe. »Wir bringen sie auch sicher zurück.«

»Nun«, Line zögerte, »es ist nichts Persönliches dabei, alles geschäftliche Sachen. Wir heben sie nur auf, falls vom Amt was kommt. Aber wenn Sie meinen, Sie finden da was ... Komisch, da fällt mir ein, dass der alte Herr Bruns ganz wild auf Friedhelms Briefe war.«

»Herr Bruns?« Holmes wurde plötzlich hellhörig, und seine grauen Augen begannen zu funkeln. »War der Kaffeehändler Bruns hier bei Ihnen? Wann?«

»Vor ein paar Tagen erst. Wir haben sonst nichts mit ihm zu schaffen, obwohl er nebenan im Packhaus ein- und ausgeht. Und auf einmal taucht er bei uns auf.«

»Was hat er genau gesagt, Line? Bitte erinnern Sie sich möglichst an den exakten Wortlaut.«

»Er meinte, dass mein Mann wichtige Dokumente von ihm hat und dass er sie bei uns suchen will. Aber ich habe ihn nicht hereingelassen, das schickt sich nicht. Hier weiß doch jeder, dass der Bruns zu den Prostituierten geht. Ich ruiniere mir schließlich nicht meinen Ruf, kaum ist mein Mann gestorben. Das spricht sich schneller rum, als man spucken kann.«

»Sieh an, sieh an.« Holmes grinste in sich hinein. »Und da erzählt uns Bruns, dass er mit Friedhelm noch nie gesprochen hat. Er lügt also auch. Gut gemacht, Line. Wenn er noch einmal hier auftaucht, erzählen Sie ihm, dass die Polizei alle Sachen von Friedhelm mitgenommen hat. Können wir nun einen Blick auf das finanzielle Vermächtnis Ihres Mannes werfen?«

»Finanz... was?«

»Auf das Geld, das Friedhelm Ihnen hinterlassen hat.«

»Ach so, ja, kommen Sie.«

Damit führte uns Line in eine der Kammern. Ein großes, altes Ehebett füllte den Raum nahezu aus, dies musste die Schlafkammer der Eltern gewesen sein. In der Ecke stand ein kleines Kinderbettchen. Durch ein kleines Fenster drang nur wenig Licht ins Innere. Line ging zu einer Wand und löste einen Ziegelstein aus dem Mauerwerk. Dahinter verbarg sich eine Nische, in der ein Lederbeutel Platz hatte. Diesen legte sie auf das Bett.

»Sehen Sie, so viel!«

Holmes öffnete den Beutel und ließ einige Goldmark durch seine Hände fließen.

»Das sind viele 20-Mark-Münzen, das müssen an die 2.000 Mark sein. Eine Menge Geld«.

»Es sind genau 1.860 Mark«, verkündete Line stolz.

»Dann passen Sie gut darauf auf, und erzählen Sie niemandem davon. Sonst könnte es sein, dass Sie das Geld wieder abgeben müssen. Wenn die Polizei danach fragt, dann sagen Sie, dass alles ausgegeben ist, was da war.«

Mit diesen eindringlichen Worten verabschiedete sich Holmes, und wir gingen die Treppe hinunter und traten ins Freie. Wobei sich die beiden Geschwister kaum von Hektor trennen konnten und uns noch lange von der Haustür aus nachwinkten.

Kapitel 14

»Es ist bemerkenswert, mein lieber Hellmann, wie viel Geld Lines Mann da zusammengesammelt hat«, erklärte Holmes, als wir wenig später in seinem Esszimmer saßen und Friedhelms Papiere vor uns ausgebreitet auf dem Tisch lagen. Mein Nachbar hatte einen guten schottischen Whisky spendiert, und der Kamin im Wohnzimmer nebenan sorgte für eine behagliche Wärme.

»Das kann er kaum als Fischer verdient haben. Die Geldquelle scheint mir eher unseriöser Natur zu sein. Dass Bruns bei seiner Witwe auftaucht und seine Sachen durchforsten möchte, wirft ein merkwürdiges Licht auf Friedhelm. Ich möchte wetten, dass der Gute in Sachen Erpressung unterwegs war. Aber diese Dokumente werden uns Aufschluss darüber geben, lassen Sie uns mal sehen.«

Damit fischte er aus dem Stapel mehrere Briefe heraus und sah sie durch.

»Mmh, lauter amtliche Schreiben an ihn als Amtsfischer. Fanggebiete, Schonzeiten, Kontingente und so weiter. Hier ein Brief von seinem Bruder.«

Während sich Holmes durch die Dokumente arbeitete, nahm ich ein leeres Blatt vom Tisch und begann gedankenverloren zu zeichnen.

»Was malen Sie da herum?«, wollte er wissen und schien leicht verärgert. »Wir können nicht …« Unvermittelt stockte er mitten im Satz und blickte aufmerksam auf meine kleine Zeichnung.

»Aber das ist ja ...« Er sprang auf und eilte ins Wohnzimmer, wo er auf dem Sofa zwischen mehreren Dingen wühlte. Schließlich hatte er gefunden, was er gesucht hatte, und kam mit einem kleinen Zettel zurück.

»Sehen Sie nur, Hellmann!«

Er hielt das Stück Papier in der Hand, das er bei Tammo gefunden hatte, und legte es neben meine Zeichnung auf den Tisch. Es war eindeutig: Es handelte sich um das gleiche Blatt, genauer gesagt waren es die beiden Hälften eines einzigen Bogens. Der Riss, der sie getrennt hatte, fügte sich nahtlos zusammen. Ich las erneut den Text, doch nun mit der Gewissheit, dass Friedhelm ihn geschrieben haben musste:

»Meine Vorräte sind aufgebraucht. Ich brauche Nachschub. Ich erwarte dich am Montag um sechs Uhr abends an bekannter Stelle. Die Ration ist die übliche.«

»Friedhelm Beck hat Tammo erpresst, das ist offensichtlich«, schlussfolgerte Holmes. »Mit den Vorräten sind Geldstücke gemeint. Aber womit hat er ihn in der Hand gehabt?«

»Ich glaube nicht, dass Tammo über viel Geld verfügt hat. Die ganze Familie hatte doch mit der ›Krabbe‹ gerade so ihr Auskommen, sonst wäre das Haus bestimmt nicht so heruntergekommen«, wagte ich vorsichtig einzubringen.

»Sie liegen goldrichtig, Hellmann. Tammo muss krumme Geschäfte gemacht haben, und Friedhelm wusste davon. Und er war ein ganz Gewiefter, Tammo war nicht sein einziges Opfer, da hat sich einiges zusammengeläppert. Herr Bruns musste sicher ebenfalls bluten, auch hier stellt sich die Frage wieso. Durch seine Umtriebigkeit ist Friedhelm Beck so manchen Geheimnissen in seiner Nachbarschaft auf die Spur gekommen.«

»Vielleicht hat er die Kuh zu stark gemolken«, vermutete ich.

»Welche Kuh?« Holmes schaute mich verwundert an.

»Das ist nur so ein Sprichwort. Es bedeutet, dass man eine Person über die Maßen ausnutzt.«

»Aha! Aber nun ist nicht die Kuh tot, sondern Beck. Lassen Sie uns schauen, was dieser Haufen noch an Überraschungen für uns bereithält.« Damit wandte er sich wieder den Dokumenten zu.

Ich sah, dass es für mich vorerst nichts zu tun gab, goss mir aus der bereitstehenden Karaffe einen weiteren Whisky ein und setzte mich in einen bequemen Sessel vors Feuer. Natürlich erst nachdem ich von diesem diverse Dinge aufs Sofa befördert hatte. Vom Whisky und der wohligen Wärme schläfrig geworden, versank ich ins Reich der Träume. Ich muss schon eine ganze Weile geschlummert haben, als mich ein Ausruf hochschrecken ließ.

»Das ist es, Hellmann! Hier ist der Brief, mit dem Friedhelm Bruns erpresst hat!«

Ein Blick auf die Uhr über dem Kamin sagte mir, dass es bereits nach zehn Uhr war. Mühsam rappelte ich mich auf, gähnte und trat an den Tisch, wo Holmes ein Papier schwenkte.

»Lesen Sie! Und sagen Sie mir, was Sie davon halten.«

Mein Nachbar war so munter, als hätte er sich wochenlang ausgeruht, statt im Packhaus zu arbeiten. Mich hingegen plagten Müdigkeit und Hunger. Ich nahm den Brief entgegen und las.

Bremen, 6. April 1887

Hochverehrtester Herr Blom!

Mit Freuden habe ich zur Kenntnis genommen, dass Ihr Schiff ›Elsbeth‹ bald wieder Kurs aufnimmt Richtung Afrika. Ich hoffe, unsere geschäftliche Beziehung, die sich in der Vergangenheit so überaus bewährt hat, mit einem neuen Auftrag fortsetzen zu können.

Wir hatten jüngst im Kaffeehaus im Schütting darüber gesprochen, Sie erinnern sich? Aber wie sollten Sie auch nicht bei einer so gewichtigen und dringlichen Angelegenheit, die darüber hinaus für Sie außerordentlich lukrativ ist. Ich habe Sie als einen zuverlässigen und verschwiegenen Geschäftspartner kennengelernt und vertraue auch in diesem Fall auf Ihre Diskretion.

Zur Sache. Ich habe 250 Kisten mit Eisenwaren, die an Herrn Anani Abara in Cabinda in Westafrika geliefert werden sollen. Diese Lieferung ist fest verabredet, Herr Abara rechnet mit der Ware und wird sie im Hafen von Cabinda abholen. Sie müssen sich um die Einlagerung nicht kümmern, dies übernehmen meine Partner in Afrika. Im Gegenzug übergibt Ihnen Herr Abara Elfenbein und Ballast, der nach Rio der Janeiro gebracht werden soll. Wie Sie wissen, habe ich Handelspartner in Brasilien im Vale do Café im Nordwesten von Rio. Die Übergabe erfolgt nicht direkt im Hafen von Rio, sondern vorab via Beibooten, über das genaue Prozedere informiere ich Sie gesondert. Ansprechpartner vor Ort ist für Sie Señor Oliveira von der Kaffeeplantage Fazenda Santa Pareiba.

Soweit die Wünsche von meiner Seite aus. Ich hoffe sehr, dass wir ins Geschäft kommen, andernfalls wäre für mich die Lage, insbesondere in Brasilien, prekär.

Ich warte auf baldigste Nachricht von Ihnen,
mit dem Ausdruck meiner vorzüglichen Hochachtung
Artur Bruns

»Nun, ich kann nichts Auffälliges darin entdecken«, bemerkte ich und reichte den Brief zurück an Holmes. »Ein ganz normales Schreiben, wie es unter Geschäftspartnern üblich ist.«

»Oho! Fällt Ihnen an den Bestimmungshäfen nichts auf? Bremen, Cabinda, Rio de Janeiro. Das erinnert stark an den atlantischen Dreieckshandel, sagt Ihnen das etwas?«

»Wie?«, staunte ich. »Sie meinen …«

»Richtig, Hellmann. Ich meine die übliche Route beim Sklavenhandel.«

»Aber das ist doch längst verboten. Der Sklavenhandel ist in Bremen seit 1837 unter Strafe gestellt.«

»Eben darum ist es eine gute Möglichkeit, um jemanden zu erpressen. Dieser Brief von Bruns muss die reinste Goldgrube für Friedhelm gewesen sein. Brasilien ist eines der letzten Länder, in denen die Sklaverei abgeschafft wurde. Und zwar genau am 13. Mai in diesem Jahr. Der Brief ist datiert auf 1887, also im vergangenen Jahr. Da war es in Brasilien noch möglich, Sklaven auf den Kaffeeplantagen für sich arbeiten zu lassen. Bruns hat schlicht und ergreifend dafür gesorgt, dass bei seinem Kaffeelieferanten ausreichend Arbeitskräfte zur Verfügung standen. Vor einem Jahr sind die Sklaven in Brasilien in Massen davongelaufen und haben sich in eigenen Dörfern, Quilombos genannt, in der Provinz Minas niedergelassen, außerdem gab es zahlreiche Sklavenaufstände. Das wird die Geschäfte von Bruns bedroht haben.

Betrachten Sie außerdem das Briefpapier: Ungewöhnlich schlicht für einen Geschäftsbrief, in der Regel schmücken die Kaufleute ihr Papier mit allerlei Ornamenten und Firmenemblemen. Bruns hat nicht sein reguläres Briefpapier benutzt, so viel ist klar. Das deutet darauf hin, dass es sich um einen Auftrag handelt, der geheim bleiben muss. Kennen Sie diesen Herrn Blom, Hellmann?«

»Er ist ein bekannter, aber unbeliebter Reeder in Bremen. Vor zwei Jahren ist er aus den Niederlanden gekommen und hat sich hier in der Hansestadt niedergelassen. Im Auftrag seiner Reederei sind zwei oder drei Schiffe unterwegs. Er ist nicht sehr erfolgreich und soll viele Schulden haben, erzählt man sich.«

»Dann ist er auf das Geld von Bruns angewiesen.«

»Aber von Sklaverei ist in dem Schreiben gar keine Rede.«

»Natürlich nicht, Hellmann. Dann würde sich Bruns ja selbst ans Messer liefern, so dumm ist er nicht. Aber Elfenbein und Ballast sind die üblichen Codeworte für Sklaven.«

Ich staunte über das große Wissen, das Holmes zur Sklaverei an den Tag legte. Für mich war es immer ein Thema gewesen, das in der Vergangenheit lag. Sicher, unsere Vorfahren hatten nicht recht gehandelt, aber zum Glück lag diese finstere Epoche hinter uns. Heute sprach in Bremen niemand mehr von Sklavenhandel oder Sklavenarbeit. Umso erstaunlicher für mich, dass Bruns vor gerade einmal einem Jahr in derartige Geschäfte verwickelt war, vorausgesetzt, Holmes lag mit seinen Schlussfolgerungen richtig.

Kapitel 15

Schweißgebadet erwachte ich am nächsten Morgen in meinem Bett. Wirre Träume hatten mich die ganze Nacht über heimgesucht. In dem letzten Traum, an den ich mich erinnern konnte, lag ich in einer kleinen Kammer, und eine schwarz gekleidete Frau mit dem Gesicht von Sophie saß an meinem Bett, das lediglich aus einer mit Stroh gefüllten Matratze bestand. Sophie war mit reichem Geschmeide geschmückt, Tränen liefen über ihre Wangen, und sie stammelte: »Leb wohl, mein Liebster, ich muss dich verlassen! Vergiss mich nicht. Es soll nicht sein, wir haben große Schuld auf uns geladen.« Ich erschrak zutiefst und wollte mich aufrichten, um sie zu trösten, doch ich war nicht imstande mich zu rühren. Da verfärbte sich ihr Gesicht plötzlich dunkel, und sie war allen Schmucks beraubt. Die Tür öffnete sich, und ein Afrikaner trat ein, schwere Ketten hinter sich herziehend. Ich lag wie gelähmt auf meiner Bettstatt, meine Beine gehorchten mir nicht, obwohl ich verzweifelt versuchte aufzustehen. »Geh nicht«, rief ich entsetzt, »bleib bei mir!« Doch sie reichte dem Fremden ihre Hand, und er führte sie zur Tür hinaus. Ich war allein, und die Kammer begann sich um mich zu drehen. Da trat Sherlock Holmes an mein Strohlager und fuhr mich an: »Sie schlafen ja schon wieder, Hellmann! Muss ich denn die ganze Arbeit allein machen?«

Mit einem Schlag war ich hellwach. Na, das war jetzt aber eine ganz absurde Vorstellung, beruhigte ich mich selbst und versuchte, den Traum abzuschütteln, was mir nicht ganz gelang. Ich stand auf und ging die Treppe hinunter in die Küche, um mir ein Glas Wasser zu holen. Ein Blick auf die Uhr sagte mir, dass es erst fünf Uhr morgens war. In der Küche sprang Hektor auf mich zu, wedelte mit dem Schwanz und bellte freudig.

»Hektor, mein Lieber«, sprach ich erleichtert und kraulte ihn am Kopf. »Du glaubst nicht, was für ein dummes Zeug ich geträumt habe.« Langsam wichen die düsteren Bilder von mir, und ich machte mich wieder auf den Weg in mein Schlafzimmer, begleitet von Hektor, der nicht von meiner Seite wich.

»Komm, alter Racker«, sprach ich, »du darfst heute ausnahmsweise mit in mein Schlafzimmer und dort vor meinem Bett liegen.«

Brav nahm er auf dem kleinen Teppich Platz, während ich Sophies Brief, den ich inzwischen diverse Male studiert hatte, mit in meine Bettstatt nahm. Ihre lieben Zeilen zu lesen, beruhigte mich schließlich zur Gänze, und so schlief ich wieder ein.

Beim Frühstück beschloss ich, mich nach einigen Wochen der Abwesenheit bei meinem Onkel in der Apotheke blicken zu lassen. Mein Arm war so weit kuriert, dass ich kleine Arbeiten durchaus erledigen konnte. Auch hatte ich das Bedürfnis, wieder etwas Normalität in mein Leben zu bringen, so spannend die Erlebnisse mit Sherlock Holmes auch waren. Gestern Abend war ich gegangen, nachdem wir den Brief von Bruns besprochen hatten. Mein Bedarf an kriminalistischen Ermittlungen war vorerst gedeckt.

Mein Onkel war hocherfreut, mich zu sehen und teilte mich gleich für mehrere Kurierdienste ein. Zwar war die Tätigkeit als Laufbursche etwas unter meiner Würde, aber ich hatte nichts dagegen einzuwenden. So konnte ich gemütlich durch Bremen spazieren und die frische Luft genießen.

Bevor ich mich auf den Weg machte, holte ich Hektor ab, der sich über einen ausgedehnten Spaziergang sicher freuen würde. Gemeinsam wanderten wir in die Albrechtstraße, wo ich Kopfschmerzpulver für Frau Bauer ablieferte. Weiter ging es zum Ostertorsteinweg, wo Herr Wilkens Natron und Arsen entgegennahm. Es folgten die herrschaftlichen Häuser an der Contrescarpe, hier verteilte ich eine Creme gegen Warzen, Tabletten gegen Fieber und ein Mittel für die Verdauung. Unsere Kunden begrüßten mich alle sehr herzlich, und ich fühlte mich bei meiner Mission ganz ausgezeichnet.

Über eine Brücke überquerte ich den Stadtgraben, in dem sich einige Schwäne niedergelassen hatten, und spazierte am Theater vorbei über den Domshof in Richtung Marktplatz. Hier wusste ich in der Raths-Apotheke meinen alten Schulfreund Stephan, der als Apothekergehilfe angestellt war. Fast alle Bauwerke am Marktplatz waren im schmuckreichen Stil der Weserrenaissance erbaut. Nur die Raths-Apotheke stach aus dem harmonischen Erscheinungsbild von Bremens guter Stube hervor. Früher ebenso ein Renaissance-Gebäude, hatte es der neue Besitzer vor rund fünfzig Jahren abgerissen und durch ein Bauwerk mit schlichter, klassizistischer Fassade ersetzt, die bei den Bremern auf wenig Gegenliebe stieß. Manchmal zog ich Stephan damit auf, dass er im hässlichsten Gebäude Bremens arbeiten müsse.

»Es gibt Schlimmeres«, pflegte er dann zu antworten. »Ich muss schließlich nicht draufschauen.«

Für Sie, geneigter Leser, möchte ich anmerken, dass nur fünf Jahre später ein Brand im Obergeschoss die Apotheke stark beschädigte, was meinen Freund sehr mitnahm, da er es hautnah miterlebt hat. Danach wurde das Gebäude im Stil der Renaissance wieder aufgebaut, sodass sich der Marktplatz heute wieder rundum von seiner besten Seite präsentiert.

Wie es der Zufall so wollte, verließ Stephan gerade die Raths-Apotheke, um eine Mittagspause zu machen.

»Stephan!«, rief ich erfreut. »Wie schön, dich zu sehen.«

»Johannes, altes Haus«, strahlte er mich an. »Wie geht‘s dir? Wir haben uns ja ewig nicht mehr gesehen. Bist du immer noch bei deinem Onkel?«

»Gewiss, wo sollte ich sonst sein. Eine bessere Stelle finde ich nirgends. Und bis auf einen gebrochenen Arm, der bald verheilt ist, geht es mir hervorragend.« Das war nicht ganz korrekt, lastete der Liebeskummer doch immer noch auf meiner Seele, doch die Freude über das Wiedersehen drängte meine Trauer in den Hintergrund. Wir begrüßten einander per Handschlag, und wer uns nicht kannte, hätte uns für Brüder halten können. Von Wuchs und Statur waren wir ähnlich, beide mittelgroß und kräftig gebaut. Das dunkle Haar trugen wir seitlich gescheitelt, und Stephan hatte ebensolche braunen Augen wie ich. Nur dass meine Haare dazu neigten, etwas lockig auf die Schulter zu fallen, was mir zusammen mit meiner Liebe zur Klaviermusik in der Schule den Spitznamen Chopin eingebracht hatte.

Die Leidenschaft für die Pharmazie hatten wir gemeinsam in der Apotheke meines Onkels entdeckt, wo mich Stephan oft besuchte. Wie mich hatten ihn die bunten Pillen und Pulver fasziniert, nur langte das Geld in seiner Familie nicht aus, ihn studieren zu lassen. Dennoch war er zufrieden mit seiner Stelle und liebte seine Arbeit. Stephan war seit einem Jahr verheiratet, das war der Grund, dass wir uns in letzter Zeit nur selten trafen. Aber in regelmäßigen Abständen holte ich ihn nach der Arbeit ab, und wir kehrten in den Ratskeller auf einen guten Tropfen ein.

»Komm, lass uns auf einen Schoppen gehen«, schlug Stephan vor. »Ich habe Mittagspause. Oder bist du in Eile?«

»Keineswegs, ich habe sogar darauf gehofft, dich zu treffen und wieder mit dir plaudern zu können. Ich muss dir viel erzählen.«

Wir überquerten den Marktplatz und erreichten auf der linken Seite des Rathauses den Eingang zum Ratskeller. Schnell stiegen wir die bekannten Stufen hinab. Wir steuerten unseren Lieblingsplatz an, direkt vor einem der riesigen, mit vielen Schnitzereien versehenen Prunkfässer, die eine Seite des Gewölbekellers einnahmen. Wir hatten das Löwenfass zu unserem Stammplatz erwählt, reich verziert und mit Löwen versehen. Außer diesem gab es Fässer mit Affen, Delphinen und Drachen. Die andere Seite blieb kleinen Séparées vorbehalten, den Priölken, in die sich die Kaufleute gerne für vertrauliche Gespräche zurückzogen. Im Ratskeller lagern die ältesten deutschen Weine, und die Bremer führen ihre Gäste gerne in das traditionsreiche Gewölbe. Umgehend wurden wir von einem Schankjungen nach unseren Wünschen gefragt.

»Darf es wieder der gute Rheinhessen sein?« Der beflissene junge Mann kannte unsere Vorlieben.

»Heute bitte einen leichten Moselwein«, wünschte ich, und

Stephan stimmte mir zu. »Können Sie uns ein gutes Gericht empfehlen?«

»Der Knipp mit Bratkartoffeln und saurer Gurke ist ausgezeichnet.«

Wir bestellten und mussten nicht lange warten, bis wir zwei Gläser guten Weins vor uns hatten. Bald waren wir in ein angeregtes Gespräch vertieft. Ich musste meinem lieben Freund ausführlich über meine Abenteuer mit Sherlock Holmes erzählen, und immer wieder brach er in erstaunte Ausrufe aus.

»Na so was, Donnerwetter, unglaublich«, kommentierte er meine Erzählung.

Ich muss zugeben, dass ich den bewundernden Unterton in seinen Kommentaren genoss und mich ein wenig wie ein Held fühlte. Dann sprachen wir über die Raubüberfälle an der Domsheide, die neben dem Mord im Schnoor in aller Munde waren.

»Der Dieb muss sich hier irgendwo verstecken«, vermutete Stephan. »So schnell, wie er immer verschwindet, muss er ein unterirdisches Versteck haben, in das er sich zurückzieht. Am Ende hier im Ratskeller.« Bei diesen Worten musste er lachen. »Stell dir vor, wir sitzen hier abends gemütlich bei einem Glas Wein, und in dieser Zeit begutachtet der Schurke nur ein paar Meter weiter im Keller seine Beute.«

»So unrecht hast du nicht«, pflichtete ich ihm bei. »Die Gewölbe des Ratskellers ziehen sich unterirdisch über ein weites Areal hin. Bis zum Domshof sollen sie reichen, über fünftausend Quadratmeter groß. Vielleicht hat er einen geheimen Eingang entdeckt.«

»Am Ende ist es der Ratskellermeister, der sich etwas dazuverdient. Der kennt jeden Schlupfwinkel.«

»Ich muss dich bitten, der ist wirklich über jeden Zweifel erhaben. Außer dass er möglicherweise das ein oder andere Tröpfchen von den Fässern hier unten abzweigt.«

So lachten und scherzten wir weiter und malten uns noch während des Essens allerlei Unfug aus. Es war angenehm, alles mit Humor zu nehmen, Stephans leichtlebige Art und seine Fröhlichkeit hatten mir, der ich manchmal zur Schwermut neigte, schon immer gutgetan. So verging die Zeit, und wir saßen bereits beim Nachtisch, einem schmackhaften Kompott, als unvermittelt eine mir bekannte Gestalt an unserem Tisch vorüberging. Mir stockte der Atem.

»Aber das ist doch«, hauchte ich und setzte das Glas, aus dem ich gerade einen Schluck trinken wollte, hart auf dem Tisch ab.

»Was ist mit dir?«, fragte Stephan besorgt. »Du bist plötzlich so blass.«

»Da geht der Herr Bruns, von dem ich dir erzählt habe, der in Sklavenhandel verstrickt sein soll, wie Holmes vermutet.«

Stephan blickte der hageren Figur hinterher, die gerade in einem der Séparées verschwunden war.

»Was für eine unsympathische Figur, der wirkt ja fast wie ein Gnom. Und dieser ausgebeulte Zylinder, den er trägt. Der ist viel zu groß für ihn.«

Ich musste meinem Freund zustimmen. Bei der Befragung in der »Krabbe« hatte ich es nicht so wahrgenommen, und Bruns saß damals in einem Sessel, aber nun, wo er aufrecht an uns vorbeigeschritten war, war mir auch aufgefallen, wie klein und missraten von Gestalt er war. Die Erinnerung an meinen Albtraum heute Nacht stieg in mir hoch, und mein Appetit auf Kompott war mir vergangen. So saßen wir eine Weile schweigsam zusammen, während Stephan mit gutem Appetit seinen Nachtisch vertilgte. Da erklangen die Schritte von schweren Stiefeln auf der Ratskellertreppe, und kurz darauf erblickte ich Kommissar Meier in Begleitung zweier Uniformierter, der schnaufend das Gewölbe betrat. Er blickte sich suchend um, und sein Blick fiel auf mich.

»Sieh an, Herr Hellmann! Immer dem Verbrechen dicht auf den Fersen, was?« Mit diesen Worten klopfte er mir herzhaft auf die Schulter. »Wo Sherlock Holmes ist, sind Sie nicht weit, und das ist in diesem Fall ganz hervorragend. Haben Sie Herrn Bruns gesehen, er soll hier im Ratskeller verschwunden sein.«

»Wieso?« Ich war ganz perplex. »Wo steckt Holmes? Ich habe keine Ahnung ...«

»Holmes wartet in meinem Büro im Stadthaus. Er hat mir heute Morgen den Brief von Bruns gebracht, und wir haben vor einigen Minuten den Hinweis bekommen, dass er hier ist. Ein ganz ausgekochter Halunke, wenn Sie mich fragen. Sklavenhandel, unglaublich!« Meier hatte bei uns Platz genommen und trocknete seine Stirn mit einem Taschentuch. »Dass ich so kurz vor meiner Rente noch mit derartigen Fällen konfrontiert werde. Zum Glück sind Sie und Herr Holmes da, um mich zu unterstützen.«

»Herr Bruns ist in ein Séparée gegangen, dort drüben.« Ich deutete auf das entsprechende Abteil, das mit einer Tür verschlossen war.

»Aha, dann wollen wir uns den Kerl mal vornehmen.« Meier gab den beiden Polizeidienern ein Zeichen, und diese postierten sich vor der Priölke. »Sie, Herr Hellmann, kommen am besten gleich mit ins Kommissariat. Sie sind schließlich ein wichtiger Zeuge.«

Schwerfällig erhob sich der Kommissar, ging zu dem Séparée und riss die Tür auf.

»Herr Bruns, Sie sind verhaftet«, brüllte er hinein.

Da Meier den Eingang mit seiner Statur komplett versperrte, konnten wir nicht sehen, was in der kleinen Kammer vor sich ging. Doch wir hörten eine kreischende Stimme, die eindeutig von Bruns stammte.

»Was fällt Ihnen ein, hier hereinzuplatzen! Wir sind im Ratskeller, falls Ihnen das entgangen ist, da legt man Wert auf Diskretion!«

»Hat sich was gehabt mit Diskretion«, donnerte Meier. »Sie kommen mit aufs Revier, und glauben Sie nicht, dass Sie eine Sonderbehandlung bekommen.«

Er ging ein Stück zur Seite, und die beiden kräftigen Wachtmeister betraten das Séparée, um gleich darauf mit Bruns herauszukommen. Sie hatten ihn regelrecht in die Mangel genommen, denn das kleine Kerlchen wehrte sich und versuchte sich freizumachen. Das Handgemenge blieb nicht unbeachtet, alle Gäste des Ratskellers waren aufgestanden und bildeten einen Kreis um das Quartett, um möglichst viel von dem Spektakel mitzubekommen.

»Machen Sie den Weg frei, und setzen Sie sich wieder auf Ihre Plätze«, befahl Meier. »Und Sie kommen mit, Hellmann!«

Ich konnte noch schnell meinem Freund Stephan das Geld für das Mittagessen zustecken, ich hatte es mir zur Gewohnheit gemacht, ihn einzuladen, dann eilte ich dem zappelnden Bruns und den Herren von der Obrigkeit hinterher.

Kapitel 16

Unversehens saß ich wieder im Büro des Kommissars, dieses Mal war es erheblich stickiger und völlig überheizt in dem Raum. Holmes war, wie Meier angekündigt hatte, bereits da, hatte es sich in der Sitzgruppe bequem gemacht und schmauchte seine Pfeife. Er sah ausgesprochen fröhlich aus und blickte amüsiert auf Bruns, der erneut zeterte und keine Ruhe gab.

»Das werden Sie bereuen, wie können Sie es wagen, einen angesehenen Bürger dieser Stadt zu verhaften, ich habe Beziehungen, lassen Sie sich das gesagt sein.« Und so ging es in einem fort, bis Kommissar Meier, der hinter seinem Schreibtisch Platz genommen hatte, mit der Faust auf den Tisch schlug.

»Jetzt habe ich aber genug! Seien Sie ruhig, und setzen Sie sich!«, fuhr er Bruns an und wedelte mit dessen Brief vor seiner Nase herum. »Hier haben wir Ihr Motiv für den Mord an Friedhelm Beck: Sklavenhandel. Leugnen ist zwecklos. Damit hat Beck Sie erpresst, und als Sie erfahren haben, dass er sich an besagtem Tag bei Barbara im Zimmer aufhielt, haben Sie die Gelegenheit genutzt und ihn erschlagen.«

Der Kaffeehändler, der nach wie vor von zwei Polizeidienern flankiert wurde, setzte sich auf einen Stuhl, der vor dem Schreibtisch stand und erschien mit einem Male ganz klein und blass, nur seine Augen funkelten bösartig durch die Brillengläser.

»Ich habe keinen erschlagen. Wollen Sie mir etwa einen Mord in die Schuhe schieben? Dieser Brief beweist gar nichts, er ist nicht von mir. Wie Sie sehen, trägt er nicht mein Firmenemblem. Das kann jeder geschrieben haben.«

»Oh bitte, Sie haben wohl vergessen, was Sie geschrieben haben, lesen Sie ihn in aller Ruhe durch. Wir haben Zeit.« Damit reichte Kommissar Meier dem Festgenommenen den Brief. Dieser nahm ihn mit zittriger Hand entgegen und warf einen kurzen Blick darauf.

»Das ist nicht meine Schrift«, sagte er schnell. »Damit habe ich nichts zu tun.«

»Schauen Sie genau hin, und lesen Sie«, forderte Meier ihn nochmals auf.

Bruns folgte widerwillig und schaute länger auf das Dokument. Dann blickte er giftig in die Runde. Als sein Blick mich traf, richtete sich Hektor, der zu meinen Füßen lag, auf und begann zu bellen.

»Sagen Sie Ihrem verdammten Hund, dass er sein Maul halten soll«, krächzte Bruns heiser.

»Ich muss doch sehr bitten«, mischte sich Holmes an dieser Stelle zum ersten Mal ein. »In diesem Brief werden drei Namen genannt: der Reeder Herr Blom aus Bremen, Herr Anani Abara aus Westafrika und Señor Oliveira von der Kaffeeplantage Fazenda Santa Pareiba in Brasilien. Es ist ein Leichtes nachzuweisen, dass es sich bei allen dreien um Geschäftspartner von Ihnen handelt. Die Route der ›Elsbeth‹ lässt sich beim Hafenamt einfach überprüfen, außerdem werden in den Büchern von Herrn Blom die Auftraggeber genannt sein. Zu guter Letzt könnten sich in Ihrem Kontor weitere Beweise finden. Ich bin sicher, Kommissar Meier wird eine Durchsuchung anordnen. Darüber hinaus wird ein grafologisches Gutachten bestätigen, dass es sich um Ihre Handschrift handelt.«

Meier nickte bestätigend und ging zu einem Fenster, um es zu öffnen. Ich atmete erleichtert auf, als ein Schwall frischer Luft ins Zimmer drang.

»Und wenn schon, es ist nicht verboten, mit Elfenbein zu handeln.« Bruns war bei den Worten von Holmes sichtlich kleinlauter geworden. »Mit dem Mord habe ich jedenfalls nichts zu tun.«

»Dann ist dieser Brief also von Ihnen?«, hakte Kommissar Meier nach.

»Ja«, gab Bruns, der endlich einsah, dass er verloren hatte, widerwillig zu.

»Und Herr Beck hat Sie damit erpresst?«

»Nein, wie sollte er? Dies ist ein ganz normales Schreiben, ein ganz normaler Auftrag an einen Reeder, da gibt es keinen Grund für Erpressung.«

»Das sehe ich anders. Hier haben wir die klassische Route des atlantischen Dreieckshandels. Sie wollten Ihren Kaffeelieferanten mit frischen Arbeitskräften, sprich Sklaven, versorgen, damit die Ernte nicht ausfällt. Wie kam Herr Beck in den Besitz dieses Briefes?«

»Ich muss ihn verloren haben. Ich wusste gar nicht, dass er ihn hat.«

»Wieso haben Sie dann die Witwe Beck vor einiger Zeit bedrängt, Ihnen die Habseligkeiten ihres Mannes zu zeigen?«, warf Holmes ein.

»Die Witwe Beck? Was erzählt die da? Gar nichts habe ich. Ich habe mit der Frau nichts zu schaffen.«

»Dafür wird es Zeugen geben«, bemerkte Holmes. »Die Mutter von Herrn Beck sitzt den ganzen Tag in ihrem Lehnstuhl, weil sie nicht mehr laufen kann. Sie saß mit Sicherheit auch an dem Tag, an dem Sie Frau Beck aufgesucht haben, in ihrem Stuhl und hat gehört, was an der Tür vor sich ging.«

»Die alte Hexe ist doch nicht mehr ganz richtig im Kopf.«

»Sie kennen sie also?«

»Natürlich, Familie Beck wohnt neben meinem Packhaus, seit ich denken kann. Wie sollte ich sie nicht kennen?«

»In der ›Krabbe‹ haben Sie noch behauptet, mit Herrn Beck nichts zu schaffen zu haben.«

»Habe ich auch nicht.«

»Das werden wir noch sehen. Sie kommen jetzt erst einmal ins Untersuchungsgefängnis, und heute Nachmittag werden Sie dem Richter vorgeführt. Abführen!«, befahl Kommissar Meier den beiden Uniformierten, die während des ganzen Verhörs neben Bruns gestanden hatten.

»Für mich ist der Fall klar«, sagte Meier zu uns, als alle das Zimmer verlassen hatten. Er wischte sich zum wiederholten Male mit einem Taschentuch über die schweißnasse Stirn. »Bruns war in Sklavenhandel verwickelt, Beck ist ihm auf die Schliche gekommen und hat ihn erpresst. Als Bruns ihn im Zimmer von Barbara vorgefunden hat, hat er ihn erschlagen. Wahrscheinlich ist er aus Versehen in die falsche Kammer gegangen an dem Abend und hat anstelle von Anna Herrn Beck schlafend vorgefunden. Da hat er die Gelegenheit genutzt, seinen Erpresser loszuwerden. Mörder gefasst, Fall erledigt.«

»Ganz so einfach dürfte es nicht sein«, bremste Holmes den Überschwang des Kommissars.

»Bitte machen Sie es nicht komplizierter als es ist«, winkte Meier ab. »Ich habe genug für heute. Mein Arzt sagt mir, ich muss mich schonen, wenn ich nicht vorzeitig vor meinen Schöpfer treten will. Falls etwas Wichtiges sein sollte, meine Herren, dann treffen Sie mich zu Hause an.« Damit machte der Kommissar unmissverständlich klar, dass das Gespräch für ihn beendet war.

Ich konnte ihn gut verstehen, war er doch im Gesicht besorgniserregend rot, schweißgebadet und kurzatmig. Wir verabschiedeten uns und wünschten ihm eine gute Besserung.

»Ich glaube nicht, Hellmann, dass Bruns unser Mann ist«, sagte Holmes zu mir, als wir aus dem Stadthaus hinaus auf den Domshof traten.

»Aber Kommissar Meier hat gesagt …«

»Meier ist froh, wenn er einen Schuldigen hat, den Fall zu den Akten legen und die Füße hochlegen kann. Der Kommissar ist alt, krank und müde, und er berücksichtigt nicht alle Fakten. Nein, Hellmann, Bruns ist nicht der Täter. Er ist skrupellos und beutet Menschen aus, zugegeben, aber er erschlägt sie nicht. Er macht mit seinem Geld die Menschen in seinem Sinne gefügig, doch er würde sich nicht zu Handgreiflichkeiten versteigen. Außerdem hatte er keinen Grund, in Barbaras Kammer zu gehen, und er wird nicht gewusst haben, dass Friedhelm dort ist.«

»Und wenn er aus Versehen die falsche Tür erwischt hat, wie Kommissar Meier meint?«

»Sie vergessen, dass Bruns sich regelmäßig mit Anna im Zimmer von Ludwig getroffen hat, Bruns kannte den Weg, es gibt keinen Anlass zu vermuten, dass er sich in der Tür geirrt hat.«

»Aber er war genau zum Tatzeitpunkt dort, und keiner hat ihn im Obergeschoss beobachtet«, wagte ich einzuwenden.

»Gut, nehmen wir an, er wäre hineingegangen und hätte Friedhelm dort schlafend angetroffen. Hatte er einen Grund, ihn zu erschlagen? Im Gegenteil, etwas Besseres hätte ihm gar nicht passieren können. Er hätte Friedhelm mit seiner Untreue erpressen können. Somit wären sie quitt gewesen, er hätte Friedhelm keinen Pfennig mehr zahlen müssen. Und Sie vergessen einen weiteren Punkt: Selbst wenn Friedhelm tot ist, hat Bruns immer noch nicht den kompromittierenden Brief in seinem Besitz. Es kann für ihn höchst gefährlich werden, wenn dieser plötzlich auftaucht und in die falschen Hände gerät.«

So betrachtet hatte Holmes natürlich recht. Bruns würde sich ins eigene Fleisch schneiden, wenn er Friedhelm umgebracht hätte. Ich war ein weiteres Mal beeindruckt von der unbeirrbaren Logik, mit der Holmes den Fall untersuchte.

»Woher wussten Sie, dass die Mutter von Friedhelm nicht laufen kann?«, fiel mir ein Detail ein, das mich irritiert hatte.

»Haben Sie nicht bemerkt, wie dünn ihre Beine waren? Sie hat sich von der Hüfte abwärts nicht bewegt, obwohl sie den Säugling auf ihrem Schoß geschaukelt hat. Alles, was sie für den täglichen Bedarf benötigt, stand auf einem kleinen Tischchen neben ihr. So sorgfältig richtet man sich nur ein, wenn man nicht in der Lage ist, aufzustehen und sich auf die Schnelle das Notwendige zu holen. In der Ecke neben dem Lehnstuhl befand sich zudem eine Bettstatt, abgedeckt mit einer Decke, auf diese wird die Mutter abends zum Schlafen umgelagert. Sie nach oben in eine Kammer zu tragen, wäre bei den steilen Treppen zu mühsam.«

Da es angefangen hatte zu regnen, nahmen wir eine Droschke und fuhren in die Schönhausenstraße. Vor meiner Haustür verabschiedeten wir uns. Hektor zerrte ungeduldig an der Leine, es war höchste Zeit für sein Fressen.

Kapitel 17

»Hellmann, ich brauche dringend Ihre Hilfe!« Drei Tage nach dem Verhör von Herrn Bruns tauchte Holmes am späten Vormittag in der Einhorn-Apotheke auf, wo ich meinen Dienst wieder aufgenommen hatte.

»Der Mensch spricht ein grauenvolles Deutsch und die meiste Zeit auf Platt.«

»Welcher Mensch?«, fragte ich und legte die Bestellung beiseite, die ich gerade in Arbeit hatte.

»Gustav Kirchner, der Binnenschiffer. Er ist zurück in Bremen und liegt mit seinem Schiff an der kleinen Schlachte. Ich habe versucht, ihn zu befragen, aber es ist zwecklos. Sie müssen mich begleiten, sofort, sonst entwischt er uns. Meier liegt krank zu Hause und ist nicht einsatzfähig.«

Ich war sofort bereit und bat meinen Onkel um Erlaubnis zu gehen. Dieser wusste von meiner neuen Freundschaft und nahm regen Anteil an meinen Erlebnissen. Er war stolz darauf, dass sein Neffe an derart wichtigen Ermittlungen in Bremen beteiligt war, und entband mich von meinen Pflichten. Ich entledigte mich meines Kittels, holte meinen Mantel, und wir eilten nach draußen, wo ein Einspänner auf uns wartete.

Bald waren wir an dem kleinen Hafen für Binnenschiffe unmittelbar beim Schnoor angekommen. Schon auf dem Weg hierher waren die Nebelschwaden, die sich über Bremen gelegt hatten, immer dichter geworden. Über der Weser war der Nebel so dick, dass man kaum die Schuten und Lastkähne erkennen konnte, die am Kai lagen. Wir gingen den schmalen Weg entlang, der sich zwischen dem Wasser und den hoch aufragenden Mauern der Lagerhäuser befand. An der kleinen Schlachte herrschte deutlich weniger Betriebsamkeit als an der großen. Holmes kannte den Weg und lenkte seine Schritte zu einem Lastkahn, der rund sechzig Meter lang war. Der Bug war abgerundet und der Aufbau sehr flach gehalten. Dies war notwendig, denn die Boote mussten auf ihrem Weg landeinwärts unter diversen Brücken hindurch manövrieren. Nur das Ruderhaus überragte die Laderäume. Über einen Steg betraten wir das Schiff, und am Heck ging es durch eine Luke mehrere Stufen abwärts, die in einen engen Gang mündeten, von dem zwei Türen abgingen. Hier unten lebten die Schiffer. Wir betraten durch eine der Türen, sie standen beide offen, eine kleine Kajüte. Zwei Öllampen, die an der Wand befestigt waren, erleuchteten den schummrigen Raum, in dem alles aus Holz gefertigt war, nur schwach. Auf der rechten Seite waren in einer Nische zwei übereinanderliegende Kojen, links befanden sich ein kleiner Ofen und eine Kommode. An der dem Eingang gegenüberliegenden Seite, in der ein kleines Fenster war, verlief eine Bank, vor der ein schmaler, langer Tisch stand. Durch das Fenster, neben dem ein hölzernes Kreuz mit einer Jesusfigur hing, konnte ich nur den dichten Nebel sehen, und ich bemerkte, wie der Boden unter meinen Füßen leicht schwankte. Ein alter und ein junger Mann saßen über eine Landkarte gebeugt auf der Bank und blickten verärgert auf, als sie uns wahrnahmen.

»Wat wullt du al wedder?«, fragte der Ältere auf Platt.

»Sehen Sie, Hellmann? Wer soll dieses Kauderwelsch verstehen?«

»Oh, er heißt uns nur auf die typisch norddeutsche Art herzlich willkommen«, sagte ich und schmunzelte in mich hinein. Zu meiner Schande muss ich gestehen, dass ich es genoss, Holmes dieses Mal um eine Nasenlänge voraus zu sein und es unterließ, ihm zu erklären, dass der Alte im Grunde genervt gefragt hatte, was Holmes schon wieder auf seinem Schiff zu suchen hatte. Im Folgenden werde ich für Sie, geneigter Leser, die Unterhaltung ohne die mühselige Übersetzung aus dem Plattdeutschen wiedergeben.

»Vater, bitte«, mischte sich der Junge ein. »Seien Sie willkommen an Bord, meine Herren. Gottes Segen sei mit Ihnen. In welcher Angelegenheit kommen Sie?«

Nachdem ich auf Plattdeutsch erklärt hatte, dass ich für die bessere Verständigung mitgekommen war, stellte ich Holmes und mich vor und erklärte, dass es um den Mord an Friedhelm Beck in der »Krabbe« ging.

»Mord!«, rief der Ältere aus. »Damit wollen wir nichts zu tun haben. Das geht uns nichts an, nicht wahr, Gustav?«

»Geduld, Vater! Hören wir uns in Ruhe an, was unsere Gäste zu sagen haben.«

»Also, ich höre mir das nicht an.« Mit diesen Worten verließ der, der offensichtlich der Vater von Gustav Kirchner war, die Kajüte und stapfte nach oben an Deck.

»Sie müssen meinen Vater entschuldigen«, bat Gustav. »Er ist nicht mehr der Jüngste. Sie kommen also wegen Herrn Beck. Er hat große Schuld auf sich geladen und ist von unserem Herrn dafür bestraft worden.«

»Sie wissen von dem Mord in der ›Krabbe‹ und von der Erpressung?« Holmes beobachtete sein Gegenüber konzentriert.

»Jeder hier im Hafen spricht von nichts anderem mehr als von dem Tod des untreuen Ehemannes. Er hat das sechste Gebot missachtet: Du sollst nicht ehebrechen. Ihn hat die gerechte Strafe ereilt, er hat nicht nur seine Ehe gebrochen, er hat darüber hinaus ein unschuldiges junges Mädchen ins Verderben gestürzt. Gott vergebe ihr und schenke ihrer Seele Frieden. Von einer Erpressung weiß ich nichts.«

Auf mich machte die Erklärung des Schiffers einen merkwürdigen Eindruck, er schien in der Tat ein religiöser Eiferer zu sein, wenn er sofort Bibelzitate bei der Hand hatte und von Barbara sprach, als sei sie verstorben. Der Mann selbst war eher unscheinbar. Er war einer der hageren, aber zähen Burschen, die ohne muskulös zu wirken, über erstaunliche und ausdauernde Kräfte verfügen. Seine grauen Augen blickten streng unter buschigen Augenbrauen hervor, ein schütterer Bart zierte sein schmales, spitzes Kinn.

»Sie halten Mord also für eine gerechte Strafe, interessant. Kennen Sie Barbara?«

Bei dieser Frage wurde der sonst so beherrscht wirkende Mann verlegen. »Nun, sie kocht und bedient in der ›Krabbe‹, nicht wahr. Ich habe gelegentlich dort gegessen, wenn wir in Bremen ankern.«

»Sie sollen die ›Krabbe‹ für einen Sündenpfuhl halten, wurde uns berichtet. Wieso suchen Sie dieses Wirtshaus auf, wo es in der Nähe viele andere gibt?«

»Das Essen ist gut, und es ist meine Christenpflicht, auch in die dunkelste Hütte einen Schein von Gottes Licht zu bringen.«

»War es nicht so, dass vor allem Barbara an dem heiligen

Schein partizipieren sollte?« Sherlock Holmes blickte Kirchner mit stechendem Blick an.

»Nun, ich gebe es zu, schließlich ist nichts Unehrenhaftes dabei. Barbara als reine und unverdorbene Seele gehört nicht in solch eine Brutstätte des Bösen, wo Alkohol den Verstand trübt und die Sinne vernebelt. Dieser Ort ist von Gott verlassen, und ich hätte es gerne gesehen, wenn Barbara andere Wege betreten hätte.«

»Möglicherweise als Ihre Frau?«

»Warum nicht, am heiligen Ehestand ist nichts auszusetzen. Ich bin ein gläubiger Christ und hätte sie in allen Ehren geheiratet.«

»Herr Kirchner, wir untersuchen im Auftrag der Bremer Polizei den Mord an Herrn Beck. Darum muss ich Ihnen jetzt einige Fragen stellen. Als Erstes möchte ich wissen, wo Sie an dem betreffenden Sonntag waren.«

»Das kann ich Ihnen erzählen, mein Gewissen ist rein. An diesem Tag habe ich in der ›Krabbe‹ zu Mittag gegessen und bin danach auf mein Schiff zurückgekehrt.«

»Sind Sie am Nachmittag oder Abend nochmals in den Schnoor gegangen, und bedenken Sie bei Ihrer Antwort, dass der Herr alles sieht und weiß.«

Kirchner stutzte ein wenig, spielte gedankenverloren mit einem Stift, der auf dem Tisch lag, und rang sich schließlich zu folgender Antwort durch: »Ich war am Nachmittag ein zweites Mal im Schnoor. Aber nicht in der ›Krabbe‹, sondern gegenüber in der ›Wilden Rose‹.«

»Und von da aus haben Sie die ›Krabbe‹ beobachtet.« Holmes stützte sich auf dem Tisch ab und blickte eindringlich auf den nun verschüchtert wirkenden Kirchner herab.

»Woher wissen Sie das?«

»Das spielt keine Rolle. Sie wollten wissen, ob der angekündigte Besuch, von dem Barbara Ihnen beim Mittagessen erzählt hat, tatsächlich eintrifft.«

»Mmh ja. So ein gottloses Treiben kann nicht geduldet werden. Wie soll ich untätig sein, wenn Barbara in ihr Unglück rennt.«

»Und ist der Besuch aufgetaucht?«

»Herr Beck ist gegen drei Uhr gekommen.«

»Was haben Sie dann gemacht?«

»Ich bin an der Weser spazieren gegangen.«

»Sie haben nichts unternommen?«

»Nein. Ich hatte beschlossen, zu Gott zu beten und um Erlösung zu bitten. Ich bin nach dem Spaziergang wieder auf mein Schiff zurück.«

»Sie haben die ›Wilde Rose‹ an diesem Tag ein zweites Mal besucht, dies hat mir der Wirt berichtet.«

Der Schiffer begann sich bei dieser Aussage von Sherlock Holmes deutlich zu winden.

»Wenn Sie es schon wissen, warum fragen Sie mich überhaupt? Ja, ich war um halb sechs wieder dort, um einen Tee zu trinken.«

»Was haben Sie bei der ›Krabbe‹ beobachtet? Das ist wichtig, es kann uns helfen, den Täter zu ermitteln.«

Kirchners Gesichtszüge entspannten sich leicht.

»Ich habe Sven gesehen, das ist ein Verehrer von Barbara, der im Packhaus arbeitet. Er ist sehr groß, man kann ihn nicht übersehen.«

»Wann ist er gekommen?«

»Eine Viertelstunde später ungefähr. Er ist dann ganz schnell wieder rausgekommen, was mich sehr gewundert hat. Vielleicht hatte er vorher schon genug getrunken, er schwankte wie ein Schiff im größten Sturm.«

»Sind Sie an diesem Abend in die ›Krabbe‹ gegangen? Überlegen Sie Ihre Antwort gut, es gibt Zeugen, die Sie beobachtet haben.«

Nun wirkte Gustav Kirchner endgültig verschreckt. Lange Zeit blieb es still in der Kajüte. Dann richtete sich der Schiffer in seiner Bank entschlossen auf, blickte auf das Kreuz an der Wand und sagte: »Ich muss die Wahrheit sagen, und ich werde die Wahrheit sagen, Gott ist mein Zeuge. Ja, ich war an dem Abend noch einmal in der ›Krabbe‹. Ich bin hineingegangen, nachdem Sven so schnell wieder herausgekommen war. Ich habe mir Sorgen gemacht.«

»Gab es dafür einen besonderen Grund?«

»Nein, es war mehr ein unbestimmtes Gefühl. Ich kenne Sven schon seit Längerem, er ist oft in der ›Krabbe‹ und bleibt immer eine ganze Weile. Es war ungewöhnlich, dass er so kurz geblieben ist.«

»Sie sind in die ›Krabbe‹ gegangen. Was haben Sie dort gemacht?«

»Ich habe Barbara gesucht. Ich dachte, vielleicht ist ihr etwas zugestoßen. Im Schankraum habe ich sie nicht gesehen, und auch in der Küche war sie nicht. Darum bin ich ins Obergeschoss gegangen und habe an ihre Tür geklopft. Die hat sich zu meinem Erstaunen bei meinem Klopfen nach innen geöffnet, sie war wohl nicht verschlossen. Also bin ich vorsichtig eingetreten. Natürlich nicht ohne angemessen zu rufen und mich anzukündigen. Dann habe ich Herrn Beck im Bett liegen sehen, und überall war Blut.«

»Beck war bereits tot, als Sie Barbaras Kammer betreten haben?«

»Ja, er hat sich nicht mehr gerührt, und an seinem Kopf war ein großer Blutfleck. Er war tot, da bin ich mir sicher. Seine offenen Augen haben gegen die Decke gestarrt, da war kein Leben mehr. Ich habe ihn nicht erschlagen, das müssen Sie mir glauben, Gott ist mein Zeuge.«

»Warum haben Sie niemanden informiert?«

»Ich war schockiert, Beck im Bett von Barbara, welche Sünde. Es war so ungeheuerlich, ich war völlig verstört und musste mich sammeln. Ich bin hierhergekommen und habe gebetet.«

»Gebetet, so so«, Holmes legte seine Stirn in Falten und betrachtete den Schiffer kritisch. »Und später hielten Sie es auch nicht für notwendig, einen Arzt oder die Polizei zu holen?«

»Doch, ich bin nach einer Weile zurückgekehrt. Da war bereits eine große Menschenansammlung vor dem Haus, und die Polizei war da. Ich wollte nicht in diese Sache hineingezogen werden. Wir hatten Ladung an Bord, die musste nach Brake, das duldete keinen Aufschub. Gott wird die Sache schon richten, da war ich mir sicher.«

»Glauben Sie, dass Sven Friedhelm Beck getötet hat?«

»Dazu möchte ich nichts sagen.« Kirchner senkte den Blick. »Kennen Sie nicht das achte Gebot: Du sollst nicht falsch Zeugnis reden wider deinen Nächsten? Ich kann nichts behaupten, was ich nicht gesehen habe.«

»Aber Sie könnten einen Eindruck haben, den Sie uns mitteilen«, bohrte Holmes nach. »Wie wirkte Sven auf Sie, als er aus der ›Krabbe‹ trat?«

»Wie ich schon gesagt habe, schwankte er und hatte wohl reichlich Alkohol genossen. Mehr kann und darf ich nicht sagen.«

Holmes holte den Ring, den er am Tatort gefunden hatte, aus seiner Manteltasche und legte ihn auf den Tisch. »Haben Sie diesen Ring schon einmal gesehen? Gehört er Ihnen?«

Kirchner hob den Schmuck auf und begutachtete ihn gründlich. »Nein, nie gesehen.«

»Nun gut, lassen wir es dabei bewenden. Sie wissen, dass ich das, was ich in diesem Gespräch erfahren habe, an Kommissar Meier weitergeben muss?«

»Das ist mir bewusst. Ich habe die Wahrheit gesagt, und Gott ist mit mir. Mir wird nichts geschehen.« Der Schiffer knetete bei diesen Worten nervös seine Hände, führte sie an seine Lippen und begann etwas Unverständliches zu murmeln.

»Wie lange sind Sie noch in Bremen?«, wollte Holmes wissen.

»In drei Tagen kommt der Schlepper, der uns Richtung Minden zieht.«

»Gut, rechnen Sie damit, dass die Polizei nochmals auf Sie zukommt.«

Wir verabschiedeten uns und verließen die Kajüte.

Kapitel 18

»Was für ein Heuchler«, entfuhr es mir, als wir wieder an Land waren.

»Ja, die Religion vernebelt einem die Sinne genauso wie der Alkohol. Sie entbehrt jeder Logik, und im Gehirn entsteht eine Melange aus wirren Gedanken, religiösen Postulaten und unterdrückten Gefühlen. Das kann durchaus tödlich werden. Da lobe ich mir mein Opium. Dabei kann man die beruhigende Wirkung ganz nach dem eigenen Belieben steuern, und sie ist irgendwann vorbei.«

Ich war, gelinde gesagt, entsetzt. Ich hatte immer angenommen, dass die Berichte von Doktor Watson in den englischen Zeitungen über den Opiumkonsum von Holmes nur der Sensationslust der Leser geschuldet war. Nun wurde ich eines Besseren belehrt.

»Mein lieber Hellmann, schauen Sie nicht so konsterniert. Sie als Apotheker müssten wissen, dass hierzulande derlei Drogen frei verkäuflich sind und von vielen genutzt werden.«

»Leider. Meiner Auffassung nach sollten sie nur auf Rezept verkauft werden.«

»Da würde Ihnen ein gutes Geschäft entgehen. Aber zurück zu unserem Gespräch mit Gustav«, wischte Holmes das Thema mit einer Handbewegung beiseite. »Konzentrieren wir uns auf die Fakten des Falls.«

»Es ist alles so, wie Sie es vermutet haben, Holmes. Das ist unglaublich, Gustav hat tatsächlich die ›Krabbe‹ stundenlang beobachtet«, sagte ich bewundernd. Die Spekulationen, die wir vor einigen Tagen angestellt hatten, hatten sich bewahrheitet. »Am Ende war er doch der Mörder und hält sich selbst für ein Werkzeug Gottes.«

»Ich brauche frische Luft, und ich muss Kommissar Meier aufsuchen. Begleiten Sie mich, Hellmann, unser Weg führt ins Steintor.«

Gerne nahm ich die Aufforderung an, nach dem absonderlichen Gespräch in der kleinen Kajüte würde ein Spaziergang auch mir guttun. Während wir auf dem Osterdeich spazierten, gingen wir ein weiteres Mal die Liste der Verdächtigen durch.

»Gustav Kirchners Gottesfürchtigkeit trägt bedenkliche Züge«, meinte mein Begleiter und blies aus seiner Pfeife, die er entzündet hatte, weitere Rauchschwaden in den Nebel. »Sie könnte ihn in der Tat dazu verleiten, die Strafe für eine Verfehlung eigenmächtig auszuüben. Wir dürfen ihn aus der Liste der Tatverdächtigen nicht ausschließen. Obwohl er seiner Religion gemäß niemanden umbringen darf, sagt doch das fünfte Gebot: Du sollst nicht töten.«

»Vielleicht hat er uns nur etwas vorgemacht, um uns in die Irre zu führen.«

»Das liegt im Bereich des Möglichen. Dann wäre er ein sehr guter Schauspieler, der über eine beachtliche Bandbreite an Ausdrucksmöglichkeiten verfügt. Nein, ich glaube nicht, Hellmann, dass dieser Schiffer ein derartiges Talent besitzt. Er wäre ansonsten besser als die meisten Schauspieler, die ich in meiner kurzen Theaterkarriere kennengelernt habe.«

»Dann war es Sven«, behauptete ich und wich einem Passanten aus, den ich im Nebel erst sehr spät bemerkt hatte.

»Es hat den Anschein, dass Sven höchst verdächtig ist. Er

kann Barbaras Zimmer im Rausch betreten, Friedhelm entdeckt und ihn erschlagen haben. Doch wieso lag die Leiche auf dem Rücken? Gustav hat gesagt, dass Friedhelms Augen zur Decke gerichtet waren. Ist ein Mörder im Vollrausch so besonnen, dass er sein Opfer umdreht, um zu kontrollieren, ob es noch lebt? Bedenken Sie, dass Sven stark ist, wenn er zuschlägt, dann richtig. Er muss sich nicht vergewissern, ob seine Tat erfolgreich war. Außerdem halte ich ihn nicht für einen Mörder.«

Unvermittelt tauchten immer wieder Kutschen aus dem Nebel auf und überholten uns. Ich schrak jedes Mal zusammen, denn einige fuhren dicht an uns vorbei.

»Dieser verflixte Nebel«, schimpfte ich, »die reinste Waschküche.«

»Wie bitte?« Holmes blickte mich verständnislos an.

»Der Nebel. Ist er nicht grauenhaft?«

»Was wollen Sie? Wir haben Ende November. Zurück zu Sven. Ich werde wieder einige Tage im Packhaus arbeiten und ihm auf den Zahn fühlen. Außerdem gilt es, Tammo zu beobachten. Er kommt als Täter nach wie vor in Betracht, Friedhelm hat ihn erpresst, er hat ein Motiv. Ich möchte wissen, was er treibt. Er geht keiner geregelten Arbeit nach, und in der ›Krabbe‹ muss er nur hin und wieder helfen.«

»Haben Sie denn so viel Zeit für diesen Fall?«, wunderte ich mich. »Sie sind schließlich mit einem Auftrag aus London hier in Bremen.«

»Richtig, doch dieser erfordert momentan wenig Aufmerksamkeit. Ich warte auf eine Nachricht von meinem Bruder Mycroft, bis dahin kann ich nicht aktiv werden. Der Mord im

Schnoor ist mir eine willkommene Abwechslung und trainiert meine grauen Zellen.«

Wir erreichten die Stelle, an der die Weser von einer Fähre überquert wird, doch durch die dichten Nebelschwaden waren weder der Anleger noch die Fähre zu erkennen. Bald darauf bogen wir nach links in den Sielwall ein. Er war auf beiden Seiten von herrschaftlichen Häusern gesäumt, es herrschte ein reger Verkehr. Dieser nahm weiter zu, als wir die Straße Vor dem Steintor erreichten und rechts abbogen. Nicht nur auf der Straße, auch auf dem Trottoir wurde es eng. Fußgänger drängten aneinander vorbei, Lieferanten kreuzten hin und her, und Zeitungsjungen hielten uns die neueste Ausgabe hin.

»Bewaffneter Raubüberfall an der Domsheide!«, rief ein Bursche und schwenkte sein Blatt.

»Schauen Sie nur, Holmes! Beim Dom hat es wieder einen Überfall gegeben.«

Mein Begleiter murmelte nur etwas vor sich hin und schenkte dem Ganzen keine Beachtung. Ich ließ mich jedoch nicht davon abhalten, eine Ausgabe der Bremer Nachrichten zu kaufen. Gleich auf der ersten Seite stand in großen Lettern die Schlagzeile: »Serienräuber schlägt wieder zu! Schmuck im Wert von 20 Goldmark erbeutet!«, die ich laut vorlas. Holmes hörte mir nur mit einem halben Ohr zu und strebte unaufhaltsam vorwärts, sodass ich Mühe hatte, mit ihm Schritt zu halten. Vor dem Steintor reihte sich ein Geschäft ans andere. Wir passierten einen Bäcker, einen Schlachter, ein Fischgeschäft, eine Buchhandlung, eine Drogerie und viele weitere Läden. Schließlich blieb Holmes vor einem großen Schaufenster stehen. »Konditorei Meier« stand in großen, weißen Buchstaben in einem schönen Bogen auf dem Fenster geschrieben. Dahinter lockten Baumkuchen, süßes Hefegebäck, Klaben und üppig verzierte Torten. Vor einem langen Tresen standen einige Tische, an denen die ersten Gäste des Tages ihre Schokolade tranken. Holmes betrat den Windfang, und ich wunderte mich, dass er gerade jetzt Appetit auf Kuchen hatte. Doch ich hatte mich geirrt, er wandte sich nicht zur rechten Tür, die in die Konditorei führte, sondern zog an einem Klingelzug, der sich neben der eigentlichen Eingangstür des Hauses befand. Es dauerte eine ganze Weile, bevor sich im Haus etwas regte. Dann öffnete eine ältere Bedienstete mit weißer Schürze die Tür.

»Guten Tag«, sprach Holmes die Frau an, »mein Name ist Sherlock Holmes, und das ist mein Assistent Herr Hellmann. Wir würden gerne Kommissar Meier sprechen.«

»Herr Meier ist schwer krank«, antwortete die Bedienstete. »Aber er hat gesagt, dass er für Sie immer Zeit hat. Folgen Sie mir bitte.«

Sie führte uns durch ein breites Treppenhaus in die zweite Etage, wo sie an eine der drei abgehenden Türen klopfte. Eine in ein dunkelblaues Kleid mit zahlreichen Rüschen gewandete Dame öffnete uns. Wie sich herausstellte, war sie die Frau des Kommissars.

»Wie schön, dass Sie meinen Mann besuchen«, rief die korpulente Dame nach der förmlichen Vorstellung erfreut aus und schlug begeistert ihre Hände zusammen, wobei mehrere Armreife aneinanderklirrten. »Er liegt nur noch auf dem Sofa und stöhnt. Sie ahnen nicht, wie ihn die Langeweile plagt.«

»Das kann ich nur zu gut verstehen«, meinte Holmes.

»Kommen Sie, er ist hier im Wohnzimmer.« Sie ging voraus, wobei ihr zu einem hohen Knoten verschlungenes Haar bedenklich wackelte. Wir betraten einen völlig überladenen Raum, in dem jeder Winkel ausgefüllt war. Tischchen, Vitrinen, Sessel und Kommoden, wohin das Auge blickte. Trotzdem wirkte alles sehr freundlich, denn unzählige weiße Spitzendecken, helle Kissen, eine hellblaue Tapete und bunte Blumengemälde an den Wänden verliehen dem Wohnzimmer eine behagliche Atmosphäre. Auf einem gewaltigen Sofa in der Mitte der Stube lag unter einer geblümten Decke der Kommissar. Ein dicker Schal zierte seinen Hals, und er blickte uns aus fiebrigen Augen entgegen.

»Liebster«, flötete Frau Meier, »du hast Besuch!«

Ich konnte mir ein Lächeln gerade noch verkneifen, es war nicht zu übersehen, wer hier das Regiment im Hause hatte. Die ganze Einrichtung wies eindeutig auf die zarte Hand der Hausfrau hin. Auf einem Tischchen direkt neben dem Kopf des Kommissars standen eine Tasse Schokolade und süßes Gebäck.

»Holmes, Hellmann!«, begrüßte uns der Kranke mit schwacher Stimme. »Wie gut, dass Sie kommen.«

»Ich hole Ihnen auch eine Schokolade und Franzbrötchen«, erklärte Frau Meier entschieden. »Das müssen Sie probieren, es ist eine Spezialität aus Hamburg. Hier in Bremen ist mein Schwager, der unten die Konditorei führt, der Einzige, der das Rezept kennt. Seine Frau hat Verwandtschaft in Hamburg, müssen Sie wissen. Wir werden von ihm mit den Köstlichkeiten der Konditorei gut versorgt.« Sie verschwand, um bald darauf mit den angekündigten Stärkungen zurückzukehren und sie auf ein weiteres Tischchen zu stellen, das neben den beiden Sesseln stand, auf denen wir inzwischen Platz genommen hatten.

»Guten Appetit, ich lasse euch jetzt allein«, flötete sie erneut. »Aber regen Sie meinen Mann nicht auf! Aufregung ist das Letzte, was er in seinem Zustand vertragen kann, sagt sein Arzt.« Damit verließ sie das Zimmer.

»Ich hoffe, Sie bringen gute Neuigkeiten«, sagte Meier, der sich in seinem Sofa ein wenig aufgerichtet hatte.

»Wir haben Gustav Kirchner befragt«, sagte Holmes und berichtete von unseren Erlebnissen an diesem Vormittag. Ich genoss unterdessen das Franzbrötchen, ein mit Zucker und Zimt gefülltes Feingebäck, das mir ausgezeichnet mundete. Die Schokolade war ebenfalls ausgezeichnet, und mir wurde klar, wie die Meiers ihre enorme Körperfülle erworben hatten.

»Mmh«, brummte der Kommissar, als Holmes seinen Bericht beendet hatte. »Der verlässt Bremen nicht so schnell, dafür werde ich sorgen. Obwohl ich Bruns nach wie vor für den Täter halte. Leider ist er nicht geständig.«

»Haben Sie Tammo Hartje noch einmal vernommen?«, erkundigte sich mein Begleiter.

»Tammo, wozu? Er hat ein Alibi.«

»Kein sehr vertrauenswürdiges, wie ich Ihnen gesagt habe.«

»Papperlapapp.« Meier winkte ab. »Ich habe Bruns und gut. Wir haben zurzeit ganz andere Sorgen. Haben Sie heute Morgen nicht die Zeitung gelesen?«

»Sie meinen sicher den Überfall an der Domsheide?«, wandte ich ein, froh, etwas zur Unterhaltung beitragen zu können.

»Exakt. Meine Leute sind zurzeit mit den Raubüberfällen an der Domsheide beschäftigt. Die Bürger sorgen sich und fühlen sich nicht mehr sicher. Das hat Vorrang vor einem Mord im Schnoor, zumal es nur ein Fischer war, der getötet wurde. Das regt die Leute nicht sehr auf und hat keine weiteren Konsequenzen. Der Mann ist tot, damit ist für sie der Fall erledigt.«

»Der Mord war immerhin mit Erpressung nicht nur an einem Kaffeehändler verbunden, und dieser ist in Sklavenhandel verwickelt. Das sollte den Bürgern dieser Stadt durchaus zu denken geben«, erwiderte Holmes.

»Nun, wir wollen die Sache nicht an die große Glocke hängen, das schadet nur unserem guten Ruf als Handelsstadt«, beschwichtigte Kommissar Meier. »Es ist ein bedauerlicher Einzelfall, und wir tun gut daran, dass es nicht zum Gesprächsthema Nummer eins in Bremen wird. So etwas ist bei uns seit Jahrzehnten nicht mehr vorgekommen, und ich gehe davon aus, dass es nie wieder vorkommt. Der letzte Fall, den es in dieser Hinsicht in Bremen gab, ist schon lange her und endete mit einem Freispruch. Was wollen Sie also?«

»Dass Bruns bestraft wird. Ich muss mich sehr wundern, wie hier in Bremen mit derlei umgegangen wird. Es trägt deutlich die Züge der Vetternwirtschaft.«

»Ich muss doch bitten. Ich mache meine Arbeit gewissenhaft und lasse mir das nicht zum Vorwurf machen.« Kommissar Meier war sichtlich erbost und versuchte ächzend, sich weiter auf dem Sofa aufzurichten.

»Mein verehrtester Kommissar Meier, das war durchaus nicht gegen Sie gerichtet«, beschwichtigte ihn Holmes. »Sie haben auf die Strafverfolgung keinen Einfluss, das ist mir bekannt.«

»Nun gut«, brummte dieser besänftigt. »So ganz unrecht haben Sie ja nicht. Hier in Bremen halten die Kaufleute durchaus stark zusammen. Wer täte das nicht, wenn es in seinem eigenen Interesse liegt. Verboten ist das nicht, und ich möchte ihnen ein gewisses Ethos nicht absprechen. Schwarze Schafe gibt es überall, Herr Bruns ist das beste Beispiel dafür.«

Da betrat Frau Meier geräuschvoll das Wohnzimmer, in ihren Händen ein Tablett, auf dem weitere Kuchenstücke auf kleinen Porzellantellern lagen.

»Herr Holmes«, rief sie tadelnd, nachdem sie einen Blick auf unser Tischchen geworfen hatte, »Sie haben noch nicht einmal von dem Franzbrötchen probiert! Ich habe Ihnen ein Stück Baumkuchen mitgebracht, den müssen Sie versuchen. Und du, mein Liebster, solltest dich etwas ausruhen. Du bist schon ganz rot im Gesicht von der ganzen Aufregung.« Damit setzte sie das Tablett ab und schüttelte das Kissen ihres Mannes auf, wobei ihre Armreife wieder vernehmlich klapperten.

»Vielen Dank, Frau Meier«, sagte Holmes. »Ihr Baumkuchen ist sicher …« Mitten im Satz hielt er inne und starrte auf den Armschmuck der Dame. »Sie tragen da einen sehr schönen Schmuck an den Handgelenken«, bemerkte er mehr zu sich selbst.

»Nicht wahr«, freute sich die Hausfrau. »Das sind alles Geschenke meines lieben Mannes. Zu jedem Hochzeitstag schenkt er mir ein neues Armband. Ich kann sie gar nicht alle zugleich tragen.«

Holmes schoss bei diesen Worten in die Höhe und sprach: »Das ist höchst interessant. Hellmann, haben Sie noch die Zeitung, die Sie gerade erworben haben?«

»Selbstverständlich«, antwortete ich und reichte ihm das Blatt, das ich auf eines der Tischchen gelegt hatte. Wortlos blickte Holmes auf die Titelseite, wobei es nicht ganz klar war, ob er überhaupt den Artikel las. So stand er bestimmt eine Minute lang schweigend da, während wir anderen uns verwundert anblickten.

»Meier, können Sie mir die Adressen der Opfer von den Raubüberfällen an der Domsheide besorgen?«, wollte er schließlich vom Kommissar wissen.

»Gewiss«, war die Antwort. »Sprechen Sie im Stadthaus bei Kommissar Wätjen vor, er betreut den Fall während meiner Krankheit. Ich schreibe Ihnen ein paar Zeilen auf, dann haben Sie keine Schwierigkeiten.«

Nach einer Weile waren die Formalitäten erledigt, und wir verabschiedeten uns. Ich blickte bedauernd zu den Baumkuchen hin, die wir nun nicht mehr kosten konnten.

»Nächstes Mal, Frau Meier«, bemerkte ich entschuldigend, »probieren wir Ihren Baumkuchen bestimmt. Ganz herzlichen Dank für die freundliche Bewirtung.«

»Und kommen Sie bald wieder«, rief uns der Kommissar hinterher, als wir schon im Treppenhaus waren.

»Interessieren Sie sich nun doch für die Raubüberfälle?«, wollte ich wissen, als wir wieder auf der Straße Vor dem Steintor standen. Doch Holmes hüllte sich in Schweigen und schien seine Umgebung kaum mehr wahrzunehmen. Es schien mir zwecklos, weiter in ihn zu dringen. Da ich mich an diesem Tag nicht weiter vor meinen Pflichten in der Apotheke drücken wollte, verabschiedete ich mich an der Kreuzung zum Dobben, während mein Begleiter offensichtlich in Richtung Stadthaus am Marktplatz strebte.

Kapitel 19

Ich sollte mehrere Tage nichts von meinem Nachbarn hören. Nur selten brannte in der Wohnung gegenüber das Licht, einige Male sah ich eine merkwürdige Person aus- und eingehen. Sie trug einen eleganten, pelzgefütterten Ulster, feine Lederhandschuhe und einen Zylinder. Ein rötlicher Ziegenbart zierte sein Kinn, ergänzt durch einen Schnauzbart, dessen Enden sorgfältig gezwirbelt waren. Holmes konnte es nicht sein, da war ich mir sicher, er hatte bei unserem Ausflug in den Schnoor ganz anders ausgesehen, obwohl Größe und Figur ähnlich waren. Vielleicht ein Informant, der unbekannt bleiben wollte, überlegte ich.

Ich kam nicht dazu, mir allzu viele Gedanken darüber zu machen, denn ich hatte in der Apotheke genug zu tun. Es war bereits Mitte Dezember, und viele unserer Kunden mussten mit Medizin versorgt werden. Die Influenza hatte sich in Bremen ausgebreitet.

An einem Abend, es war ein Freitag, und ich kehrte gerade von einem Spaziergang mit Hektor zurück, sah ich Licht im Wohnzimmer meines Nachbarn. Da packte mich die Neugier, ich überquerte mit meinem Hund die Straße und klopfte an die Tür.

»Hellmann, gut dass Sie kommen!«, begrüßte Holmes mich erfreut. »Sie können mir helfen, die Zeitungen durchzusehen, natürlich nur, wenn Sie möchten.«

Holmes hatte zu meinem Erstaunen eine bequeme Hausjoppe, eine karierte Flanellhose und Filzpantoffeln angezogen und wie gewohnt seine Pfeife im Mund. So leger gekleidet hatte ich ihn noch nie gesehen, abgesehen von dem Fall, als er sich zum Zwecke der Tarnung kostümiert hatte.

»Gerne«, gab ich zur Antwort. »Was suchen Sie denn?«

»Alles über die Raubüberfälle an der Domsheide.«

Ich betrat das Wohnzimmer und musste tief Luft holen. Wohin ich auch blickte, überall im Raum lagen Zeitungen verstreut, auf den Möbeln, dem Sofa, selbst auf dem Teppich lagen Ausgaben der Bremer Nachrichten und anderer Blätter.

»Um Gottes willen, Holmes! Wollen Sie ein Zeitungsarchiv eröffnen?«, stieß ich hervor.

»Keinesfalls. Im Gegenteil, ich habe eines entdeckt. Es gibt zu meinem Glück sonderbare Zeitgenossen, die eine unglaubliche Sammelwut an den Tag legen. Einige Straßen weiter lebt so ein Mensch, er hebt alles auf, was er in seine Finger bekommt, Bücher, Zeitungen, Gemälde und so weiter. Er scheint sich von nichts trennen zu können. Großzügigerweise hat er mir diese Zeitungen überlassen, natürlich gegen eine stattliche Summe an Goldmark. Ich sage Ihnen, der Mann hat das Geschäft seines Lebens gemacht, ich musste zäh mit ihm verhandeln.«

»Sie meinen sicher den Sonderling in der Feldstraße«, bemerkte ich und konnte mir ein Grinsen nicht verkneifen. »Ja, er ist bekannt dafür, dass er sein Haus vollstopft mit unnützen Dingen. Aber Sie selbst sind nun auch nicht gerade ein Beispiel für penible Ordnung.«

»Sagen Sie das nicht, ich weiß von jedem meiner Besitztümer den exakten Platz und könnte ihn auf Anhieb finden. Doch genug der Plauderei, wir haben eine wichtige Aufgabe vor uns. Anhand dieser Zeitungen möchte ich die Vorgehensweise des Täters studieren, der die Raubüberfälle an der Domsheide begeht.«

»Wie kommt es, dass Sie plötzlich Interesse an diesem Fall haben? Ich dachte, der Mord im Schnoor …«

»Genau das ist es«, unterbrach mich Holmes. »Es gibt eine Verbindung, dies ist inzwischen klar. Und wir müssen herausfinden, worin sie besteht. Kommen Sie, ich zeige Ihnen etwas.« Damit führte er mich in das Speisezimmer, das von der Unordnung verschont geblieben war. Mitten auf dem Esstisch lag in einer Schatulle ein Ring.

»Sehen Sie, Hellmann! Diesen Ring haben wir in Barbaras Zimmer gefunden, Sie erinnern sich?«

»Selbstverständlich.«

»Er gehört Frau Herta Wernicke. Ihr Verlobter heißt Gerd Meyerdirks, somit wäre die Gravur ›In ewiger Liebe G. M.‹ erklärt.«

Ich war erstaunt: »Sie haben die Besitzerin ausfindig gemacht? Wie das?«

»Wissen Sie noch, dass ich eine Liste der Opfer der Raubüberfälle von Kommissar Meier haben wollte?«

»Ja, ich hatte mich gefragt, was Sie damit wollen.«

»Ich wollte herausfinden, ob der Ring bei einem der Überfälle zur Beute gehört hat. In der Ausgabe der Bremer Nachrichten, die Sie an dem Tag gekauft haben, hieß es, dass der Räuber Schmuck erbeutet hat. Darauf hatte ich zuvor nicht geachtet. Ich war der irrigen Annahme, dass er es immer nur auf Geld abgesehen hatte. Das Geklirr der Armreife von Frau Meier und die unzähligen Ringe an ihren Fingern haben mich auf die Idee gebracht, dass der Ring unter Barbaras Bett, der schließlich nicht neu war, möglicherweise ein Teil einer Beute war. Ich ließ mir also von Kommissar Wätjen die Adressen der Opfer geben, insgesamt fünf bis zum heutigen Tag, und habe alle aufgesucht. Und tatsächlich, Herta Wernicke hat den Ring erkannt, es war ihr Verlobungsring, und sie hatte ihn schmerzlich vermisst.«

Ich war so erstaunt, dass ich mich völlig perplex auf einem Stuhl niederließ.

»Holmes, das bedeutet, dass der Räuber in den Mord im Schnoor verwickelt ist. Wenn er nicht gar gleich der Mörder ist.«

»Korrekt, Hellmann. Wie ich feststellen darf, haben Sie Ihre Kombinationsgabe deutlich verbessert. Wir sind nun einen großen Schritt weitergekommen. Allerdings müssen wir den Tathergang der einzelnen Raubüberfälle genau studieren. Wann wurden sie begangen, auf welche Weise und wo genau? Dann müssen wir überprüfen, was unsere Verdächtigen in dieser Zeit gemacht haben. War der Schiffer Gustav Kirchner in Bremen? Wo war Tammo, wo Sven? Gab es Komplizen oder sind es am Ende mehrere Täter, also eine ganze Bande? Sie sehen, es sind noch viele Fragen offen.«

»Haben Sie denn von den Opfern Näheres erfahren können?«

»Durchaus. Allerdings sind derartige Aussagen mit Vorsicht zu genießen. Befragen Sie zehn Zeugen und Sie werden zehn unterschiedliche Darstellungen desselben Sachverhalts erhalten. Doch dazu später. Lassen Sie uns zunächst die Zeitungen durchsehen. Sie decken in etwa den Zeitraum des halben Jahres ab, in dem die Überfälle begangen wurden.«

So machten wir uns an die mühselige Arbeit, alle Artikel, die damit in Verbindung standen, herauszusuchen. Zum Glück hatte Holmes einiges an Vorarbeit geleistet, sodass wir zügig vorankamen. Dennoch dauerte es rund zwei Stunden, bis wir erschöpft in die Sessel vor dem Kamin sanken. Hektor, der während unserer Recherchen selig davor geschlummert hatte, blickte erstaunt auf.

»Hervorragend«, quittierte mein Gastgeber unsere Bemühungen. »Nun können wir die Taten chronologisch aufarbeiten. Was halten Sie vorab von einem Whisky zur Stärkung? Und wenn Sie so freundlich wären, nachher unsere Erkenntnisse schriftlich zu fixieren, wäre ich Ihnen sehr verbunden.«

So genossen wir zunächst das ausgezeichnete schottische Getränk und blickten schweigend in die Flammen, die von den Holzscheiten im Kamin emporzüngelten. Im Folgenden möchte ich Ihnen, verehrter Leser, meine Aufzeichnungen zu den fünf Raubüberfällen präsentieren, wie wir sie anhand der Zeitungsausschnitte und der Berichte der Opfer selbst, von Holmes hinzugefügt, rekonstruiert haben.

Erster Überfall

Der Violinist Hartmut Krummnagel, 64 Jahre alt, geht am Samstagabend, 16. Juni, gegen zehn Uhr mit seinem Instrument von einem Privatkonzert im Ostertor nach Hause. Er wohnt im Stephaniviertel. Als er am Dom vorbeikommt, wird er an einer Ecke von einem vermummten Täter mit dem Messer bedroht. Er übergibt ihm seine Gage für das Konzert: anderthalb Goldmark. Der Räuber ist mittelgroß, trägt eine dunkle Hose und eine schwarze Jacke, hat eine Schirmmütze tief ins Gesicht gezogen und trägt eine Maske wie bei einem Kostümball. Es gibt keine Zeugen, und der Räuber verschwindet so schnell, wie er gekommen ist.

Zweiter Überfall

Die Schauspielerin Maria Naumann, 21 Jahre alt, kommt am Mittwochabend, 4. Juli, gegen elf Uhr nach einer Aufführung im Theater von den Wallanlagen aus an der Domsheide vorbei. Sie strebt ihrem Heim an der Schlachte zu, wo sie im Keller ein Zimmer bewohnt. Plötzlich wird sie von hinten von einem bewaffneten Mann überfallen, der ihr ein Messer an den Hals hält und von ihr als Matrose beschrieben wird. Sein Gesicht ist von einer Maske verdeckt, und er riecht nach Bier. Er erbeutet eine billige Kette und die einfachen Ohrringe der Schauspielerin. Da Maria Naumann anschließend in Ohnmacht fällt, kann sie nicht sagen, wohin er verschwunden ist.

Dritter Überfall

Das Kindermädchen Herta Wernicke, 24 Jahre alt, war am Samstag, 6. Oktober, bis sieben Uhr abends im Bremer Dom, wo sie für ihre kranke Mutter gebetet hat. Die nur 1,40 Meter große Frau möchte anschließend über die Weserbrücke zu ihrem Zuhause in der Neustadt laufen. In Höhe der Post an der Domsheide springt unerwartet ein großer, maskierter Mann auf sie zu, der mit einem Messer bewaffnet ist. Da Wernicke kein Geld bei sich hat, übergibt sie ihm ihre Ohrringe und zwei Ringe, darunter ihr Verlobungsring, den sie von Gerd Meyerdirks bekommen hat. Sie beschreibt den Täter als sehr groß und kräftig, mit einer heiseren Stimme, einer hellen

Jacke und einem Schnurrbart. Er trägt eine Schirmmütze. Er läuft anschließend in Richtung Dom weg.

Vierter Überfall

Der Bildhauer Hubert Großheinrich, 34 Jahre alt, wankt am Dienstagabend, 23. Oktober, etwa um elf Uhr nach einer Geselligkeit im Künstlerverein an der Domsheide stark betrunken nach Hause in Richtung Steintor. Als er an einem kleinen Grünstreifen gegenüber der Post vorbeikommt, wird er ins Gebüsch gezerrt und mit einem Messer bedroht. Er gibt dem Räuber drei Goldmark und dreißig Pfennige, die er im Portemonnaie mit sich führt, sowie seine Taschenuhr. Großheinrich erinnert sich nur schemenhaft an den Täter, er beschreibt ihn als klein und dünn mit einem dunklen Mantel und italienischem Akzent. Wie er verschwunden ist, weiß er nicht mehr.

Fünfter Überfall

Die Witwe Gertrud Finke, 58 Jahre alt, kommt von einer Geburtstagsfeier in einem Restaurant am Domshof am Freitagabend, 21. November, gegen acht Uhr am Börsenhof vorbei. Sie möchte in ihr Haus im Schnoor zurückkehren, das ihr selbst gehört. Beim Börsenhof kommt ein großer, blonder Mann in einem langen Umhang und mit Zylinder auf sie zu. Anstatt auszuweichen, spricht er sie mit einer piepsigen Stimme direkt an und fordert mit einem Messer ihren Schmuck ein. Sie übergibt ihm Schmuck im Wert von zwanzig Goldmark. Durch den Schock, den sie erlitten hat, kann sie nicht darauf achten, wohin er entweicht.

»Da haben Sie es, Hellmann«, stöhnte Holmes, als wir die Auflistung beendet hatten. »Das Ganze ergibt kein einheitliches Bild. Weder die Opfer verkörpern einen bestimmten Typus, noch der Täter lässt sich näher festlegen. Die Beobachtungsgabe der Zeugen ist miserabel.«

»Ich schätze, da würde es mir bei einem Überfall nicht besser ergehen«, wagte ich einzuwenden.

»Gerade in solch einer Situation gilt es, einen kühlen Kopf zu bewahren und sich jedes Detail genau zu merken, und sei es noch so winzig.«

»Nun, die meisten Menschen sind nicht so geübt in Angelegenheiten des Verbrechens wie Sie.«

»Leider, das ist sehr zu bedauern. Doch lassen Sie uns zusammenfassen, was wir sicher wissen. Fangen wir bei den Opfern an. Was fällt Ihnen auf, Hellmann?«

»Es sind alles Leute, die in der Dunkelheit die Domsheide überqueren, um nach Hause zu gehen. Ansonsten haben sie nicht viel gemeinsam. Die Beute ist immer unterschiedlich hoch, das Alter, der Beruf, da kann ich keine Ähnlichkeiten entdecken.« Ich war etwas zerknirscht, weil ich so wenig zur Analyse beitragen konnte.

»Elementar, Hellmann, es sieht ganz so aus, als hätte der Schurke seine Opfer völlig zufällig erwählt. Er geht nicht systematisch vor, sondern ohne erkennbare Regelmäßigkeit. Das legt die Vermutung nahe, dass er die Überfälle aus akuter Geldnot heraus beging. Wobei er nicht völlig unvorbereitet agierte. Denken Sie an die Maske. Drei Personen wollen eine schwarze Maske gesehen haben, er muss sie folglich bewusst eingesteckt haben, wenn er zur Tat schritt. Ein Messer wird er ebenfalls nicht ständig bei sich tragen. Er hat sich im Schutz der Dunkelheit auf die Lauer gelegt und gewartet, bis die Domsheide menschenleer war und eine einzelne Person in seine Nähe kam. Dann hat er zugeschlagen. Außerdem hat er keine ausgefeilte Taktik, mal agiert er offensiv von vorne, mal schleicht er sich von hinten an. Das macht kein Profi. Wir haben es hier mit einem unbeholfenen Amateur zu tun, Hellmann. Irgendwann macht er einen Fehler, dann haben wir ihn.«

»So wie Sie es darstellen, scheint der Räuber ein rechter Dummkopf zu sein.«

»Ganz so dumm nun auch wieder nicht.« Holmes erhob sich, um uns ein weiteres Glas Whisky einzuschenken. »Denken Sie an den Ort, den er sich für seine Überfälle ausgesucht hat.«

»Einen schlechteren hätte er kaum finden können, die Domsheide ist einer der belebtesten Plätze in Bremen. Er muss jeden Augenblick mit Zeugen rechnen.« Ich schwenkte mein Glas, nahm einen Schluck und genoss das milde Brennen, das der Whisky im Rachen verursachte.

»Im Gegenteil, denken Sie an den St. Petri Dom. Der Südturm ist eine Ruine, und der ganze Dom an dieser Seite eine einzige Baustelle. Dort hat er unzählige Möglichkeiten, schnell und unauffällig zu verschwinden. Wir müssen diesen Ort genauer unter die Lupe nehmen, mein Freund.«

Ich stutzte. Hatte Holmes mich da tatsächlich seinen Freund genannt? Ich fühlte mich geschmeichelt und geehrt. Angesichts seiner ansonsten sehr steifen und reservierten Art war dies ein großes Kompliment.

»Aber ist es tatsächlich ein einziger Räuber?«, warf ich ein.

»Die Beschreibungen sind höchst unterschiedlich. Das kann kaum auf nur eine Person zutreffen.«

»Ich halte das nicht für ausgeschlossen. Bedenken Sie, dass die Augenzeugen geschockt und verwirrt waren. Das trübt die Wahrnehmung. Es ist mir schon häufig untergekommen, dass die Schilderung des Täters unzuverlässig war. In diesem Fall ist die Bandbreite so groß, dass die Beschreibung sowohl auf Sven, als auch auf Gustav oder Tammo zutreffen könnte. Halten wir fest: Er ist mittelgroß bis groß, hat möglicherweise einen Bart, blonde Haare, doch meist eine Schirmmütze, und die Stimme ist heiser, piepsig oder hat einen italienischen Akzent. Sie ist mit Sicherheit verstellt.«

»Der Bildhauer sagte doch, dass der Räuber klein und dünn war.«

»Der Bildhauer ist selbst sehr groß und dick, für ihn sind alle anderen klein und dünn. Darauf können wir nichts geben. Außerdem war er völlig betrunken, auf sein Urteil ist am wenigsten Verlass. Andererseits würde diese Beschreibung auf Gustav Kirchner passen. Die Kleidung des Räubers variiert vom einfachen Matrosen bis zum eleganten Herrn mit Zylinder. Und einmal fiel ein starker Biergeruch auf.«

»Meinen Sie nicht, dass hier eine ganze Bande am Werk war?«, fragte ich, wobei ich Hektor, der seinen Kopf wieder auf seine Pfoten gelegt hatte, am Hals kraulte.

»Nein, das können wir mit großer Wahrscheinlichkeit ausschließen. Eine Bande würde niemals so stümperhaft agieren. Denken Sie nur an die Beute im zweiten Fall: fünfzig Pfennig und ein paar billige Ohrringe. Das lohnt das Risiko nicht. Eine Bande würde sich lohnendere Opfer aussuchen und strategisch vorgehen. Sie würde sicher nicht jedes Mal am gleichen Ort auftauchen, sondern in der ganzen Stadt verteilt zuschlagen. Unser Täter muss eine ganz bestimmte Beziehung zur Domsheide, dem Dom oder einem anderen Gebäude im Umfeld haben, und er wohnt in der Nähe, davon bin ich überzeugt.«

»Also wieder Sven, Gustav oder Tammo«, seufzte ich ergeben und gähnte.

»Nun, genug für heute«, sagte Holmes. »Es ist schon spät, und wir wollen meiner Wirtin Frau Schütte etwas Ruhe gönnen. Sie liegt mit einer Influenza im Bett und ist momentan sehr empfindlich, was ihre Nachtruhe betrifft.«

Mir war dies nur lieb, ich war nach einem langen Arbeitstag rechtschaffen müde und sehnte mich nach meinem Bett. Ich nahm Hektor an die Leine und verabschiedete mich.

»Übrigens habe ich hier einen Brief von Sophie für Sie«, sagte Holmes, als wir an der Tür waren, und überreichte mir einen Umschlag, der auf einem Schränkchen neben der Eingangstür gelegen hatte. Überrascht und freudig nahm ich das Kuvert entgegen und versäumte es beinahe, mich gebührend bei meinem Nachbarn zu bedanken, so begierig war ich darauf, nach Hause zu kommen und die Zeilen meiner geliebten Sophie zu lesen. Erst später fiel mir ein, dass ich es den ganzen Abend lang versäumt hatte, mich nach dem ominösen Besucher zu erkundigen, der Holmes regelmäßig aufsuchte.

Kapitel 20

Frohen Mutes ging ich mit dem Brief in der Hand die wenigen Stufen hinab ins Souterrain unseres Hauses, wo das Reich von Antje war. Ich ließ mich von Hektor in die Küche ziehen, wo ein gefüllter Fressnapf auf ihn wartete. Hungrig stürzte er sich auf seine Mahlzeit. Ich setzte mich an den Küchentisch und betrachtete voller Vorfreude den Briefumschlag: Eine Nachricht aus Hamburg, sie machte mich zum glücklichsten Menschen auf Erden, meine Müdigkeit war wie weggeblasen. Entgegen meiner ersten Neigung mochte ich das Kuvert nicht sofort öffnen. Meine Gedanken waren zu sehr mit den Raubüberfällen beschäftigt, ich befürchtete, dass ich die Zeilen nicht so würde würdigen können, wie sie es verdienten. Also steckte ich das Schreiben in meine Jacketttasche und ging auf mein Zimmer im ersten Stock.

Dort saß ich eine halbe Stunde lang auf meinem Bett, bis sich meine Gedanken beruhigten und ich die Überfälle aus meinem Kopf verbannen konnte. Schließlich fühlte ich mich bereit, die Nachricht von Sophie mit der gebotenen Ehrfurcht aufzunehmen. Ich öffnete das Kuvert, das ungewöhnlich dick war, und als Erstes fiel mir daraus ein kleines Medaillon entgegen. Ich bezwang meinen Impuls, es zu öffnen und begann zu lesen.

»Mein innig geliebter Johannes!
Wie sehr haben mich Deine Zeilen erfreut, weiß ich jetzt sicher, dass auch Du mich nicht vergessen hast und stets in Deinem Herzen trägst. Ich habe Deinen Brief bestimmt zwanzig Mal gelesen,

so sehr trösten mich Deine lieben Worte über unsere Trennung hinweg, dass ich ihn zusammen mit Deinem Foto fast ständig bei mir trage. Du magst mich töricht nennen, wenn ich Dir erzähle, dass ich stellvertretend für Deine Person mit Deinem Brief und Deinem Foto spreche und ihnen die Sehenswürdigkeiten von Hamburg zeige.

Was es hier alles zu sehen gibt, Du glaubst es nicht, herzallerliebster Johannes! Die größten Schiffe kann man von den Landungsbrücken aus beobachten, viel größer als in Bremen, die Elbe hat genug Tiefgang im Unterschied zur Weser. Den Fischmarkt auf dem Marktplatz habe ich nun endlich kennengelernt, er ist unglaublich. Was für ein Treiben und Handeln, ein Händler ist lauter als der andere, und Fische gibt es … das habe ich mir im Leben nicht vorstellen können. Ach, wie schön wäre es, könnten wir beide gemeinsam dem bunten Treiben zusehen.

Die Hamburger selbst sind ein bisschen etpetete und achten sehr auf korrekte Kleidung und Umgangsformen. Vor allem die Frauen imponieren mir mit ihren eleganten Kleidern, nach der neuesten Mode geschneidert, mit schmaler Taille und hinten durch eine Tournüre weit ausgestellt. Allerdings fürchte ich manchmal, dass die Damen keine Luft mehr bekommen, so eng ist das Korsett geschnürt. Da verzichte ich lieber auf ein bisschen Eleganz. Die Stoffe sind von feinster Qualität, man sieht Taft und Seide, mit Spitzen und feinen Stickereien verziert. Und die Hüte erst, aufwendig mit Blumen und allerlei Zierrat geschmückt, manche so klein, dass sie gar keinen Nutzen mehr haben. Aber was erzähle ich da, als Mann wirst du kein Interesse an derlei Dingen haben, über die wir Frauen stundenlang plaudern können.

Indes erfüllt mich Dein Schreiben zugleich mit großer Sorge. In welch abenteuerliche Geschichte bist Du da bloß hineingeraten? Mord im Schnoor, solch eine Untat hat sich lange nicht mehr in Bremen ereignet. Und Du, mein Geliebter, mittendrin. Passe nur gut auf Dich auf, dass Dir kein Ungemach zustößt. Ich mag gar nicht daran denken, was alles passieren kann. Dieser Sherlock Holmes ist bekannt dafür, dass er gefährliche Situationen nicht scheut. Ich bin versucht, Dir zu raten, Dich von ihm fernzuhalten, aber dies steht mir nicht zu, und ich verstehe, dass es eine aufregende Sache ist, die in unseren oft eintönigen Alltag etwas Farbe bringen kann. Selbstverständlich schmeichelt mir auch Deine Erklärung, dass Du über den spannenden Erlebnissen die Trauer über unsere Trennung besser verwinden kannst. Ich bitte Dich inständig, falls Du erneut auf Verbrecherjagd gehst, nimm das Amulett mit, das ich diesem Umschlag beifüge, es soll Dir Glück bringen und Dich vor Gefahren schützen. Es ist nur ein einfaches Medaillon mit einer Haarlocke von mir, doch ich glaube an seine Kraft, und es würde meine Sorge um Dich ein wenig lindern.

Großvater geht es leider gar nicht gut, und in unserem Haus herrscht eine bedrückende Atmosphäre. Seine Krankheit ist weit fortgeschritten, und er muss den ganzen Tag das Bett hüten. Dadurch ist er noch unausstehlicher geworden und kommandiert uns unaufhörlich herum. Mitunter ist er selbst dafür zu schwach. Ich fürchte, es geht dem Ende zu, dieser Auffassung ist jedenfalls meine Frau Mama, die darüber sehr betrübt ist. Was wird die Zukunft bringen? Was wird aus uns, wenn Großvater stirbt? Und was wird aus meiner Ausbildung?

Der Besuch der Präparandenanstalt bereitet mir weiterhin

großes Vergnügen, und mit meinen Freundinnen bin ich ganz innig und vertraut. Meine Freundin Klara, die gebürtig in Hamburg wohnt, hat mich sogar auf einen Sonntag eingeladen, und ich konnte ihr schönes Haus in Altona bewundern. Hamburg ist schon eine imposante Stadt, und wir sind bereits im botanischen Garten am Dammtor gewesen, obwohl da zu dieser Jahreszeit nichts blüht und wenig grünt.

Mitunter träume ich davon, dass Du mich hier besuchst, und wir zusammen die Stadt erkunden. Kann sich nicht eine Gelegenheit ergeben, die dringendst erforderlich macht, dass Du nach Hamburg fährst? Gibt es keinen Apothekerkongress, und falls nein, kannst Du nicht einen erfinden? Verzeih mir meine kleine Spinnerei, ich kann sie nur mit meiner Sehnsucht nach Dir entschuldigen, die unendlich ist.

Nun muss ich leider Schluss machen, es ist Zeit zu Bett zu gehen, und Großvater braucht pünktlich seine Medizin.

In inniger Liebe, tausend Küsse und sei zärtlich umarmt

Deine Sophie«

Ich nahm vorsichtig das Medaillon zur Hand und öffnete den Verschluss. Eine schwarze Haarlocke fiel mir entgegen, gebunden mit einem roten Band. Sofort sah ich das wunderschöne, sanfte Gesicht Sophies vor mir, ihre blauen Augen, die in faszinierendem Kontrast zu ihrem dunklen Haar standen, ihre gerade, schmale Nase und ihr voller, dunkelroter Mund, den beim Lächeln zwei bezaubernde Grübchen zierten. Ich widerstand meiner Neigung, sofort zu Tinte und Feder zu greifen, um Sophie zu antworten. So spät, wie es schon war und angesichts meiner Müdigkeit würde nicht Gutes dabei herauskommen, überlegte ich. Die Antwort sollte bedächtig und mit Sorgfalt erfolgen. Also verschob ich die Korrespondenz auf den nächsten Tag, begab mich zu Bett und fiel in einen süßen Schlummer.

Kapitel 21

Es hatte schon seit Stunden geschneit, und der Bremer Marktplatz war mit einer weißen Schicht wie von Puderzucker bedeckt, als ich ihn nach einem geselligen Beisammensein mit meinem Freund Stephan im Ratskeller überquerte. Wir hatten uns prächtig unterhalten und gut gespeist, und Stephan war wieder zu seiner Arbeit in die Raths-Apotheke zurückgekehrt. Anstatt abends trafen wir uns in letzter Zeit in den Mittagsstunden im Ratskeller, denn mein Freund zog es vor, die Abendstunden in der Adventszeit zu Hause mit seiner Frau zu verbringen. Weihnachten war in der Tat nicht mehr weit, und Bremen schmückte sich bereits festlich für die Feiertage. Es war inzwischen gut einen Monat her, seit ich meinen neuen Nachbarn kennengelernt und mit ihm aufregende Stunden verlebt hatte. Ich fragte mich, ob er sogar das Weihnachtsfest bei uns verbringen wollte, oder ob er zurück nach London fahren würde. Allerdings hatte ich ihn seit der Aktion mit den Zeitungen nicht mehr gesehen, er schien wie vom Erdboden verschluckt zu sein. In seiner Wohnung brannte zu keiner Tageszeit Licht, und ich sah ihn weder aus- noch eingehen.

Ich näherte mich der doppelläufigen Freitreppe der Neuen Börse am Marktplatz und überlegte, ob ich meinen Bruder abpassen sollte, der sich sicherlich hier aufhielt. Da fiel mir ein eleganter Herr auf, der oben an der Brüstung lehnte und amüsiert auf mich niederblickte. Ich ärgerte mich über diesen überheblich wirkenden Gentleman, als mir einfiel, wo ich ihn schon einmal gesehen hatte. Natürlich, das war der Mann, der Sherlock Holmes öfter besucht hatte.

»Suchen Sie Ihren Bruder?«, rief mir der Unbekannte zu, der wie immer mit einem pelzgefütterten Ulster, feinen Lederhandschuhen und einem Zylinder bekleidet war. Sein rötlicher Ziegenbart wippte vor Vergnügen auf und ab. »Er ist vor einer Viertelstunde gegangen.«

»Was wissen Sie von meinem Bruder?«, erwiderte ich ärgerlich und wandte mich zum Gehen.

»Er wird heute Abend nicht zum Essen erscheinen, denn er ist mit einer Dame verabredet, für die er ein Collier gekauft hat. Davon soll allerdings Ihr Herr Papa noch nichts wissen, denn die Dame entspricht nicht seinen Vorstellungen und verfügt nicht über eine angemessene Reputation. Um es kurz zu machen, sie ist Künstlerin, präziser gesagt Opernsängerin, und eine ganz hervorragende. Meiner Meinung nach durchaus geeignet als Ihre zukünftige Schwägerin, aber das ist eine Angelegenheit Ihrer Familie, ich möchte mich da nicht einmischen.«

Mit diesen Worten kam der unbekannte Gentleman die Treppe hinunter und blieb mir gegenüber stehen. Ich war sprachlos. Was wusste dieser merkwürdige Mensch alles von meiner Familie? Es war ungeheuerlich. Oder war er am Ende der Bruder von Sherlock Holmes, der nach dessen Erzählungen ebenso intelligent war und genauso exakte Schlussfolgerungen ziehen konnte wie der große Detektiv?

»Da haben Sie völlig recht«, erklärte ich abweisend, »das geht Sie nicht das Geringste an.«

Durch sein goldenes Monokel blickte mich der Herr aufmerksam an.

»Kann es sein, dass Sie mich nicht erkennen, mein lieber Hellmann?«

Sprachlos starrte ich Holmes an, denn um diesen handelte es sich offensichtlich.

»Kein Wort«, beschwor er mich in diesem Moment. »Niemand darf wissen, wer ich bin. Seien Sie so gut und begleiten mich zu meinem Hotel.«

»Ihr Hotel?« Ich kam aus dem Staunen nicht mehr heraus. »Wohnen Sie etwa nicht mehr in der Schönhausenstraße?«

Einige Herren gingen die Treppe hinunter an uns vorbei.

»Bis morgen, Mister Fielding«, sprach einer von ihnen Holmes an. »Und gute Geschäfte!«

»Vielen Dank, Herr Paulsen«, grüßte Holmes zurück, »exakt zu diesem Zweck bin ich in Bremen.«

Alle lüfteten ihre Zylinder oder Melonen, und so ging jeder seiner Wege. Schweigend wandten wir uns in Richtung Domshof und passierten den Wilhadibrunnen, auf dem die Bronzestatue des ersten Bremer Bischofs, Willehad, den Arm wie zum Gruße in Richtung Roland erhoben hatte. Wir überquerten den Domshof und gelangten ans nördliche Ende, wo mein Begleiter vor dem Hotel »Stadt Frankfurt« stehen blieb. Es war früher eines der bedeutendsten Häuser am Platz gewesen, doch seit geraumer Zeit hatte das Hillmann-Hotel beim Herdentor ihm den Rang abgelaufen und zählte nunmehr als das vornehmste Hotel in Bremen.

»Eine gute Wahl«, bemerkte ich, als wir das Foyer betraten, das nach wie vor durch einen Hauch von Luxus bestach. Obwohl ich ahnte, dass Holmes keinen Wert auf Komfort legte, sondern andere Gründe hatte, dieses Hotel zu wählen.

»Ich muss dem Bild des reichen englischen Kaufmanns entsprechen«, erklärte Holmes knapp. »Wussten Sie, dass der Dichter Wilhelm Hauff und sogar der geniale Geiger Niccolò Paganini hier zu Gast waren? Leider werde ich nie die Gelegenheit haben, ihn spielen zu hören, da er schon seit über vierzig Jahren tot ist. Seine ›Capricci‹ sind eine wahre Meisterleistung, ich habe mich selbst schon daran versucht.«

Ich blickte meinen Freund, ich erlaube mir an dieser Stelle, ihn so zu nennen, von der Seite an, wie er seine langen, schlanken Finger aus den Lederhandschuhen schälte und seine große, hagere Gestalt in Richtung Rezeption wandte, und dachte, dass er Paganini durchaus nicht unähnlich war. Zudem sollte er auch passabel Violine spielen, obschon ich ihn bislang nicht gehört hatte. Während Holmes seinen Zimmerschlüssel holte, schweiften meine Gedanken zu dem Teufelsgeiger ab. Wie Sherlock Holmes gab Paganini nicht viel auf die Meinung anderer und schreckte nicht davor zurück, sein Publikum zu brüskieren, wie Holmes stürzte er sich nahezu fanatisch und ohne Rücksicht auf seine Gesundheit auf seine Aufgaben. Und beide teilten die Aura des geheimnisvollen Genies. So stand ich in Gedanken verloren da, bis mein Begleiter mich zurück in die Realität holte.

»Hellmann, kommen Sie!«

In Holmes' gediegen möbliertem Zimmer mit schweren Samtvorhängen vor den Fenstern setzten wir unser Gespräch fort.

»Was haben Sie da von meinem Bruder Hinnerk erzählt?«, fragte ich Holmes. »Eine Liebschaft? Davon weiß ich nichts. Und ich bin sicher, dass auch mein Vater nichts davon weiß.«

»Das sollten Sie auch nicht. Er hat sich alle Mühe gegeben, es zu verbergen. Aber ist Ihnen nicht aufgefallen, wie beschwingt er in letzter Zeit ist?«

Ich musste einen Moment überlegen und räumte dann ein: »Wo Sie es sagen, Hinnerk ist schon seit Längerem ausgesprochen guter Dinge. Ich habe es auf seine Geschäfte geschoben, die allem Anschein nach sehr gut liefen.«

»Keineswegs, er ist in die Venus verliebt.«

»In die Venus, wie bitte?« Ich glaubte, mich verhört zu haben. Holmes lachte laut auf. »Ja, haben Sie den Tannhäuser von Richard Wagner nicht gesehen? Er läuft im Bremer Stadttheater schon lange äußerst erfolgreich, und eine der Hauptdarstellerinnen ist Magdalena Seifert, die die Venus mit Bravour verkörpert. Sie hat Ihren Bruder erhört und trifft sich regelmäßig mit ihm in einem Séparée im Ratskeller.«

Verärgert blickte ich aus dem Fenster auf den Domshof.

»Ich hoffe, Sie sind sich dessen bewusst, was für ein Gerücht Sie da in die Welt setzen. Eine Opernsängerin wäre eine völlig inakzeptable Verbindung, der mein Vater niemals zustimmen würde, es würde dem Ruf unserer Familie einen großen Schaden zufügen.«

»Mein lieber Freund, die Liebe kennt keine Moral und keinen Standesdünkel, das müsste Ihnen am besten bekannt sein.« Bei seinen Worten schritt Holmes im Zimmer hin und her und hob belehrend den Zeigefinger, was meinen Ärger noch stärker reizte. Was wusste er, der Frauen gegenüber grundsätzlich distanziert und kühl blieb, und, glaubte man den Berichten, nicht die geringsten Ambitionen in dieser Richtung hatte, schon von der Liebe?

»Führen Sie nicht selbst in den Augen Ihres Vaters eine nicht standesgemäße Romanze?«, dozierte er weiter. »Betrachten Sie die Angelegenheit mal von ihrer nützlichen Seite aus. Wenn Ihr Bruder solch eine skandalöse Verbindung führt, gehen Sie mit Ihrer Sophie als das kleinere Übel durch und haben gute Chancen, die Sache im Windschatten von Hinnerk offiziell zu machen.«

Obschon solche Spekulationen mir fremd waren, musste ich Holmes in Gedanken zustimmen. In diesem Vergleich betrachtet, war meine Liebe zu Sophie eine seriöse Angelegenheit, die, wenn vielleicht etwas unpassend, so doch auf keinen Fall skandalös war. Allerdings widerstrebte es mir, aus dem absehbaren Unglück meines Bruders Kapital zu schlagen.

»Wie haben Sie das herausgefunden?«, wollte ich wissen.

»Das war nicht schwer. Sie müssen wissen, dass ich ein großer Fan von Richard Wagner bin und mir jüngst die Aufführung des Tannhäuser im Stadttheater angesehen habe. Ihr Bruder saß an diesem Abend in der ersten Reihe direkt vor mir, und seine Vorliebe für die Darstellerin der Venus war nicht zu übersehen. Wie Sie sich zudem sicher erinnern, habe ich die Schauspielerin Maria Naumann wegen der Raubüberfälle befragt, sie war das zweite Opfer und ist im Juli überfallen worden. Nun, diese Dame neigt wie fast alle am Theater zu Klatsch und Tratsch hinter den Kulissen. Ich habe sie nach Magdalena Seifert ausgefragt, und sie hat mir allzu bereitwillig Auskunft gegeben. Es ist eindeutig, Ihr Bruder hat eine Liaison mit der Opernsängerin.«

»Und das Collier?«

»Da ich als Mister Fielding vorgebe, als Diamantenhändler

in Bremen Geschäfte zu machen, hat er es mir im Vertrauen gezeigt und nach meiner Meinung gefragt. Er wolle es heute Abend im Ratskeller verschenken.«

Ich kapitulierte. Mein Nachbar wusste anscheinend besser darüber Bescheid, was in meinem Hause vor sich ging, als ich.

»Haben Sie noch weitere Neuigkeiten, vielleicht von Antje oder gar von meinem Vater? Vielleicht möchte er demnächst wieder heiraten, und es wäre schön, wenn Sie mich rechtzeitig darüber informieren würden, damit ich mir einen neuen Anzug schneidern lasse«, bemerkte ich gereizt.

Holmes blickte mich schmunzelnd an. »Das ist zurzeit nicht absehbar, Ihr Herr Vater ist vollauf mit seinen Geschäften beschäftigt und dies sehr erfolgreich. Sie werden sehen, der Freihafen wird sich für ihn noch zur Goldgrube entwickeln.«

Ich resignierte und tröstete mich mit den Gedanken, dass Holmes schließlich ein Detektiv und es sein Beruf war, Dinge zu wissen, die anderen verborgen blieben.

»Aber sagen Sie, Holmes, warum dieser elegante Aufzug, warum wohnen Sie hier in diesem Hotel? Ich habe Sie bei uns in der Straße seit einigen Tagen vermisst.«

»Sehen Sie, das ist dem Fall geschuldet, der mich nach Bremen geführt hat. Wie Sie wissen, bin ich auf der Suche nach Juwelen, die in London gestohlen wurden. Wie Sie sich vielleicht erinnern, habe ich Bruns bei meinem ersten Verhör in der ›Krabbe‹ ausführlich nach dem Kaffeehandel befragt. Ich hatte zunächst vermutet, dass die Juwelen in Kaffeesäcken unterwegs seien, dies war jedoch ein Irrtum. Von meinem Bruder Mycroft habe ich die Nachricht erhalten, dass sie vor Kurzem in Afrika, genauer in Deutsch-Südwestafrika aufgetaucht sind. Vielleicht kennen Sie den Bremer Adolf Lüderitz, der dort die erste deutsche Kolonie gegründet und einen sicheren Hafen gebaut hat. Es besteht eine große Chance, dass die Juwelen von dort aus wieder per Schiff nach Europa gebracht werden. Es sind zum größten Teil Diamanten, und die lassen sich in Afrika schlecht verkaufen.«

»Aber warum sind sie dann überhaupt in Afrika gelandet?«

»Um die Spuren zu verwischen selbstredend. Die Bande, die den Diebstahl verübt hat, hat internationale Verbindungen, für sie ist es ein Leichtes, das Diebesgut einmal rund um die Welt zu schicken, um seine Herkunft zu verschleiern. Ich gebe mich an der Bremer Börse als Diamantenhändler und Händler von exotischen Kunstschätzen aus, um die neuesten Nachrichten über ankommende Schiffe und ihre jeweilige Ladung zu erhalten. Im Kaffeehaus der Bremer Handelskammer – im Übrigen das älteste in Deutschland und durchaus sehenswert – sind die Gäste sehr redselig und plaudern unter der Hand die letzten Neuigkeiten aus.«

»Und was wird da so geredet?«

»Lüderitz, nach dem auch die Stadt und die Bucht in Deutsch-Südwestafrika benannt sind, ist seit zwei Jahren verschollen«, führte Holmes aus. »Er erkundete mit einer Expedition die Mündung des Flusses Oranje und ist nicht wieder zurückgekehrt. Allerdings muss man dazu sagen, dass es schon bodenloser Leichtsinn ist, sich mit einem Faltboot und zwei Mann auf so eine gefährliche Unternehmung zu begeben. Seit seinem Tod geht es mit der Lüderitzschen Faktorei, die den Handel der Kolonie mit Europa betreibt, bergab. Gehandelt wird mit Bier, Spirituosen und Tabak. Auch Häute und Felle werden über Kapstadt nach Europa verschifft. Darüber hinaus sammelt ein Seemann, der sich mit Zoologie gut auskennt, im Auftrag der Bremer Anthropologischen Kommission in Afrika Vögel und Pinguinskelette, er präpariert sie und schickt sie nach Bremen. Nun leitet allerdings ein gewisser John Müller die Geschäfte in der Lüderitzbucht, und der ist bezeichnenderweise als Whisky-John bekannt und wohl meist betrunken. Er ist als Lügner verschrien, und ich gehe davon aus, dass eine Verbrecherbande leichtes Spiel mit ihm hat. Auf jeden Fall soll vom Hafen der Bucht aus eine ungewöhnliche Ladung auf dem Weg nach Bremen sein. Drei ausgestopfte Löwen kommen in Bälde im Freihafen an.«

»Ausgestopfte Löwen!«, rief ich erstaunt aus. »Das wäre eine Sensation.«

In diesem Moment klopfte es an die Tür.

»Telegramm für Mister Fielding«, rief eine junge Stimme von draußen.

»Herein«, brummte Holmes.

Ein Bote, er war vielleicht gerade 15 Jahre alt, betrat ehrfürchtig das Zimmer und überreichte ein Kuvert. Mein Freund steckte ihm eine Münze zu, worauf der Junge erfreut rief: »Velen Dank, mien Herr« und mit tief gezogener Mütze von dannen eilte. Holmes öffnete den Umschlag und las: »Atlanta. 7. Dezember. Ankunft Nacht zu Freitag. An Bord König der Wüste. Gruß. Mycroft.«

»Und da sind sie schon!« Holmes' Augen funkelten vor Vergnügen, und er richtete sich zu seiner vollen Größe auf.

»Hellmann, begleiten Sie mich in den Freihafen? Es gilt den größten Schatz des britischen Empires zu heben.«

Ich nickte wortlos, obwohl ich nicht wirklich verstand, um was es ging.

»Gut, dann holen Sie mich übermorgen um fünf Uhr morgens hier ab, es geht in den Hafen.«

Kapitel 22

Zwei Tage später stand ich in aller Herrgottsfrühe auf und zog mich an. Es war stockfinster, und im Haus regte sich nichts. Ich hatte unruhig geschlafen, zu viele Gedanken zogen durch meinen Kopf. Was hatte es nur mit diesen ausgestopften Löwen auf sich? Denn diese waren offensichtlich mit den Worten »König der Wüste« gemeint. Und was war mit dem Mord im Schnoor und mit den Raubüberfällen? Als ich Holmes darauf angesprochen hatte, hatte er sich wie so oft in Schweigen gehüllt und nur »Das muss warten« gemurmelt.

Als ich auf Zehenspitzen ins Souterrain schlich, begrüßte mich Hektor schwanzwedelnd in der Küche. Er hoffte wohl zu dieser nachtschlafenden Zeit auf einen Spaziergang.

»Du bleibst heute hier, Hektor«, beschied ich ihm und zeigte auf seinen Schlafplatz. Gehorsam legte sich der Gute wieder hin, nicht ohne mir sehnsuchtsvoll nachzublicken, als ich das Haus durch die Kellertür verließ.

Im Foyer des Hotels »Stadt Frankfurt« wartete Holmes bereits ungeduldig auf mich. »Da sind Sie ja, mein Freund. Ich hatte schon befürchtet, allein gehen zu müssen.«

Holmes trug wieder den pelzgefütterten Ulster und eine wollene Schirmmütze und hatte eine große Reisetasche bei sich, in der es bei jeder Bewegung verdächtig klirrte und klapperte.

»Nehmen Sie Ihr Frühstücksgeschirr mit?«, erkundigte ich mich schmunzelnd und spürte, wie Hunger und der Wunsch nach einer Tasse heißen Kaffees in mir aufstiegen.

»Jetzt ist keine Zeit für Scherze«, antwortete Holmes humorlos und steuerte dem Ausgang zu. »Und sagen Sie Ihrem Magen, dass er aufhören soll zu knurren, das ist ja nicht zum Aushalten.«

»Na ja«, grummelte ich in mich hinein. »Sie sind bekannt dafür, dass Sie tagelang ohne Nahrung und Schlaf auskommen. Ich habe nun mal morgens gerne eine Tasse Kaffee und ein Brötchen.«

Auf dem Domshof warteten nur zwei Droschken auf Fahrgäste, und eine davon beförderte uns in rascher Fahrt zum Freihafen. Die Straßen waren menschenleer, erst als wir das Stephaniviertel passierten, hasteten etliche Arbeiter auf ihrem Weg in die Fabriken auf den Fußwegen entlang. Hier im Viertel machte sich die Industrialisierung, die mit dem Freihafen rasch an Fahrt gewinnen sollte, bemerkbar. Eine Zuckerfabrik, eine Reismühle, eine chemische Fabrik, eine Dampfmühle und eine Schiffswerft hatten sich angesiedelt. Eine große Jute-Spinnerei und -Weberei war erst in diesem Jahr in der Nähe des Freihafens entstanden, mit unzähligen Arbeitskräften. Und mit den Arbeitern kam auch die Arbeiterbewegung in unsere schöne Stadt, die immer mehr für Auseinandersetzungen sorgte. Doch für derlei Gedanken war es mir an diesem Morgen in der Tat viel zu früh, und ich konzentrierte mich auf unser Ziel.

Das Hafenamt am Kopf des Freihafens mit seinem hohen Turm war bereits in der Ferne zu erkennen. Unsere Droschke überquerte am Ende der Faulenstraße die Bahngleise, die sowohl zum Bremer Hauptbahnhof als auch zum Neustädter Güterbahnhof und in den Freihafen führten. Das Hafenamt war schon in Reichweite, als die Pferde vor einem Schlagbaum zum Stehen kamen. Hier begann seit der Eröffnung des Freihafens das Zollausland. Wollten die Händler ihre Waren, die per Schiff aus aller Welt hier eintrafen, nach Deutschland einführen, mussten sie Zoll bezahlen, was nicht allen schmeckte. Bislang konnten Kaffee, Tabak, Baumwolle und alles andere ungehindert ins Bremer Stadtgebiet gelangen. Nun umgab ein eiserner Zaun das gesamte Gelände des Hafens.

Wir stiegen aus, Holmes hieß den Kutscher eindringlich warten und drückte ihm zu meinem Erstaunen eine Goldmark in die Hand. Das war über die Maßen viel, und der Kutscher verbeugte sich entsprechend tief. Bevor ich etwas sagen konnte, bedeutete mir mein Begleiter mit einer Handbewegung zu schweigen.

Hafenarbeiter überholten uns, passierten ein großes Tor, indem sie ihre Ausweise vorzeigten, und wandten sich nach rechts, wo eine spezielle Wartehalle war, wie ich später erfuhr. Holmes hatte seine Tasche in der Hand, in der es nach wie vor klirrte und klapperte, und ich fragte mich, wie er diese wohl durch den Zoll schmuggeln wollte. Doch dies war nicht nötig, wie sich bald herausstellte. Wir wurden am Tor von einem gemütlich wirkenden Herrn um die Fünfzig mit Schnauzbart und Schiffermütze empfangen. Er trug eine wetterfeste Uniform mit zwei Reihen blanker Knöpfe.

»Tach auch, die Herren«, begrüßte er uns jovial in breitem Bremer Dialekt. »Albers mein Name, Diedrich Albers, Kapitän und Hafenmeister, zu Ihren Diensten. Es ist allens vorbereitet für Ihre lüttje Inspektion.« Dabei zwinkerte er uns zu. Ich war überrascht über so viel Entgegenkommen von solch einer hochgestellten Person. Hatte er schließlich die Oberaufsicht über den gesamten Freihafen und war bei dessen Eröffnung mit Kaiser Wilhelm II. persönlich ins Gespräch gekommen. Holmes dagegen schien völlig unbeeindruckt und reichte dem Hafenmeister die Hand: »Angenehm. Holmes und Hellmann wie verabredet. Ist die ›Atlanta‹ schon eingetroffen?«

»Wie geplant. Hat gestern Abend an Schuppen IX festgemacht. Die Jungs haben eine ordentliche steife Brise mitgebracht.«

Es war tatsächlich ausgesprochen stürmisch, und hier im Hafen blies der Wind weit stärker als in der Innenstadt, sodass ich meinen Hut festhalten musste. Vom Schnee, der vorgestern gefallen war, war kaum mehr etwas zu sehen.

»Muss ja man bannig wichtig sein, Ihre Mission, wenn sich sogar unser Staatssekretär vom Auswärtigen Amt einschalten tut«, fuhr Herr Albers fort.

»Durchaus«, bestätigte Holmes. »Und geheim, es darf auf keinen Fall etwas nach außen dringen, absolute Diskretion ist unerlässlich.«

»Dat blifft ünner uns«, versprach der Hafenmeister. »Aber nu lassen Se uns ins Hafenamt gehen, Sie brauchen ne ordentliche Seemannskluft, so wie Sie aussehen, so geiht dat nich.«

Wir betraten den roten Backsteinbau, den wir inzwischen erreicht hatten. An den Zöllnern waren wir ohne Probleme vorbeigekommen, Herr Albers hatte ihnen zugerufen: »Dat ist allens recht!«, und wir konnten unbehelligt passieren.

Albers führte uns in den ersten Stock, wo er, wie an dem Türschild abzulesen war, sein Büro hatte. Die Fenster des großen Raums gingen direkt in Richtung Hafen, den man in seiner ganzen beeindruckenden Länge überblicken konnte. Über einem Stuhl hingen grobe dunkelblaue Anzüge, und Albers zeigte darauf.

»Tscha, nu zieht man de Büx an, dass ihr als Hafenarbeiter durchgeht.«

Wir entledigten uns unserer Kleidung und schlüpften in die vorbereitete Kluft hinein. Nun bin ich auch noch Hafenarbeiter, schoss es mir durch den Kopf, und ich musste an Sophie denken. Ihr Medaillon, das ich nun immer bei mir trug, hatte ich vorsorglich in meiner eigenen Hose gelassen. Obwohl mich der Hunger etwas quälte, begann mir die Sache Spaß zu machen. Wenn selbst ein so angesehener Bürger wie der Hafenmeister mitspielte, musste es sich um eine ehrenvolle Angelegenheit handeln, bei der ich mitwirken durfte.

Albers hatte in der Zwischenzeit einige Papiere auf seinem großen Schreibtisch ausgebreitet und heißen Tee in drei Tassen gefüllt.

»So, hier ist der Stauplan von der ›Atlanta‹. Hat mir der Schiffsmakler der Reederei Hanssen vor ein paar Tagen geschickt. Aber keine Bange, dat is ganz normales Prozedere bei uns. Da könnt ihr genau drauf sehen, wie die Fracht zusammengestellt ist und auf welchem Deck eure Kisten lagern.«

Mit unserer veränderten Kleidung war der Hafenmeister unversehens vom Sie zum Du gewechselt. Er reichte uns die Tassen und erhob mit seiner kräftigen Hand die seinige: »Prost und gutes Gelingen, meine Herren!«

Ich war froh, wenigstens etwas zu trinken zu bekommen und tat einen großen Schluck. Beinahe wäre ich ins Prusten gekommen, so scharf war das Getränk, das uns der Hafenmeister da kredenzt hatte: Der Tee war mit reichlich Rum und Zucker versetzt. Aber ich musste zugeben, dass er bei der Kälte und dem Sturm draußen letztlich eine angenehm wärmende Wirkung hatte. Holmes verzog keine Miene und schlürfte sein Getränk mit sichtlichem Genuss, was Albers mit Genugtuung zur Kenntnis nahm.

»Tscha, so'n steifen Grog ist doch wat Feines, nech?«

»Durchaus«, bestätigte mein Freund trocken, der sich den Papieren zuwandte und sie genau studierte. Wie es aussah, prägte er sich jedes kleine Detail ein.

Der Hafenmeister hatte in der Zwischenzeit eine Kiste hervorgekramt und stellte sie neben die Dokumente auf den Tisch.

»Hier haben wir die Mäusebutter für die Ratten.«

»Mäusebutter?« Holmes blickte verständnislos drein.

»So nennt man bei uns eine Mischung aus Schmalz und Arsen, die für die Bekämpfung von Mäusen und Ratten verwendet wird«, klärte ich auf.

»Ihr geht auf der ›Atlanta‹ als Schädlingsbekämpfer durch, die giftige Köder auslegen sollen«, erläuterte der Hafenmeister. »So könnt ihr ungestört überall eure Nasen reinstecken.«

Holmes verstaute die kleine Kiste in seiner Tasche und wandte sich der Tür zu.

»Wenn es Ihnen recht ist, Käpt'n Albers, wir wären so weit.«

Wir verließen das Hafenamt und gingen die lange Kaje entlang. Zunächst passierten wir einige Holzlagerplätze, dahinter kamen die ersten flachen Schuppen. Es war ein imposantes Bild, das sich uns bot. Direkt neben der Kaimauer verliefen Bahngleise, und eine Reihe von Güterwaggons stand zum

Beladen bereit. Diverse stählerne Kräne, zu so früher Stunde noch nicht in Betrieb, säumten die Kaje, die nahezu zwei Kilometer lang war. Wie große Riesen standen sie da, bereit, ihren gigantischen Tanz aufzunehmen. Hinter den Schuppen verlief eine weitere Reihe Bahngleise, und große Speicher für die langfristige Aufbewahrung schlossen sich dahinter an. Am meisten beeindruckten mich jedoch die Schiffe, die am Kai lagen. Dampfschiffe, Schlepper und Segler – ein großes Schiff lag hier neben dem anderen in dichter Reihe. Mit den vielen Lichtern an Bord, die durch die Dunkelheit leuchteten, wirkten sie noch majestätischer als am Tag. Nahezu am Ende des Hafenbeckens befand sich der Schuppen neun, und davor hatte die »Atlanta« am Kai festgemacht.

Hoch ragte der mächtige Dampfer über uns empor. Zwei Schornsteine und drei Masten für die Segel schmückten das Deck des stählernen Kolosses. Als wir die Gangway betraten, wurde mir etwas unwohl, was zum Teil auf den Grog und zum anderen auf den heftigen Wind zurückzuführen war, der den Aufgang zum Schiff ordentlich schwanken ließ. Ein Matrose, der an Deck Wache schob, legte seine Hand an die Mütze und salutierte vor dem Hafenmeister.

»Tach auch«, sagte der. »Wo finde ich den Kapitän?«

»Melde gehorsamst, der schläft«, antwortete der Matrose.

»Und wer ist auf der Brücke?«

»Der Erste Offizier.«

Holmes und ich folgten dem Hafenmeister, der zielsicher über diverse steile Treppen seinen Weg zur Kommandobrücke fand. Dort wurde er voller Ehrfurcht von den beiden anwesenden Seeleuten begrüßt.

»Kommen Sie zur Inspektion?«, wollte der eine wissen, der anhand diverser Abzeichen an seiner Uniform eindeutig als der Höhergestellte der beiden zu identifizieren war.

»Das hat Zeit«, erklärte Albers. »Die beiden hier«, mit diesen Worten wies er auf uns, »sind beauftragt, auf dem Schiff Fallen für Ratten auszulegen. Wir wollen hier bei uns im neuen Hafen nicht die gleiche Plage haben wie in den meisten Häfen, die ich als Kapitän angefahren habe. Darum sorgen wir vor, geht nicht gegen euch, ist reine Vorsicht.«

Die beiden blickten zwar etwas verwundert zu uns herüber, sagten jedoch nichts, sondern nickten nur stumm.

»Dann man an die Arbeit!«, befahl uns Albers, und Holmes ging mit seiner großen Tasche voraus. Den Hafenmeister ließen wir auf der Brücke zurück. Es ist mir unmöglich, mich genau zu erinnern, welchen Weg wir auf dem Schiff nahmen, zu verwirrend waren die düsteren Gänge, steilen Eisentreppen und schweren Luken. Doch mein Freund schien genau zu wissen, welchen Weg wir nehmen mussten und verteilte unterwegs immer mal wieder ein Stück von der Mäusebutter. Von der Mannschaft war niemand zu sehen. Vermutlich lagen sie alle nach einem feuchtfröhlichen Landgang am vergangenen Abend in ihren Kojen. Je tiefer wir in den Bauch der »Atlanta« vordrangen, desto stickiger wurde es. Wir kamen vorbei an Fässern und großen Stoffballen, an Kisten und gestapelten Säcken. Wie sollten wir hier in diesem Gewirr die Löwen finden, fragte ich mich, denn auf diese hatte es Holmes ja wohl abgesehen. Eine leichte Beklommenheit breitete sich in mir aus, die Gänge und Treppen schienen kein Ende zu nehmen.

»Heureka«, rief er endlich erfreut aus, »hier ist es!« Er stellte die Blendlaterne, die wir mit uns führten, neben drei großen Kisten ab, öffnete seine Tasche und entnahm ihr einen Hammer und ein Stemmeisen. Damit fing er an, den Deckel der ersten Kiste zu öffnen.

»Helfen Sie mir, Hellmann! In der Tasche ist noch mehr Werkzeug.« Ich tat wie mir geheißen und machte mich an die zweite Kiste. Bald hatten wir alle drei Behälter geöffnet, und zwischen der Holzwolle, mit der sie angefüllt waren, blitzte hellbraunes Fell hervor.

»Die Löwen, Holmes!«, freute ich mich.

»Ich habe nichts anderes erwartet«, erwiderte mein Freund, der ohne Zögern in eine der Kisten geklettert war. Er befreite das steife tote Tier von der Holzwolle, und eine stolze Löwin kam zum Vorschein.

»Dann wollen wir mal sehen, wo die Juwelen versteckt sind.«

»Aber wie wollen Sie das bewerkstelligen? Die Tiere sind ausgestopft, der Schmuck kann überall in den Körpern versteckt sein. Sie können sie doch nicht komplett auseinandernehmen.«

»Das habe ich keineswegs vor. Man muss nur logisch vorgehen, dann erschließt sich das Versteck von ganz allein.«

»Ich kann da jetzt keinen logischen Weg erkennen«, gab ich unumwunden zu.

»Sehen Sie, mein lieber Hellmann. Wer die Diamanten in Bremen in Empfang nimmt, muss schnell, unauffällig und ohne Spuren zu hinterlassen an sie herankommen. Sie können also nicht derart versteckt sein, dass wir die Löwen sezieren müssten, um an sie zu gelangen.«

»Und wo können sie dann sein?«

»Tja, die lange Naht am Bauch zu öffnen macht wenig Sinn. Das dauert zu lange und lässt sich nicht unauffällig wiederherstellen. Hinter den Glasaugen ist zu wenig Platz.«

»Wie wäre es irgendwo unter der Löwenmähne?«, schlug ich vor.

»Wie Sie sehen, sind das hier drei Löwinnen, die haben keine Mähne.«

»In den Ohren?«

»Im Prinzip eine gute Idee, allerdings legt der Präparator hier keine Öffnung an, die sich als Versteck anbietet. Ich denke, wie sollten es im Maul probieren, das ist groß genug, und man hinterlässt keine offensichtlichen Spuren.« Mit diesen Worten zwängte Holmes beherzt seine schmale Hand in das leicht geöffnete Maul der Löwin. Eine ganze Weile tastete er darin herum, bevor er sie wieder herauszog.

»Nichts.« Er kletterte in die nächste Kiste, in der sich die gleiche Prozedur vollzog. Auch hier war das Ergebnis negativ. In der dritten Kiste schließlich folgte ein Ausruf der Freude.

»Hellmann, schnell, reichen Sie mir ein Messer!«

Ich kramte ein wenig in der Tasche und fand ein Klappmesser, das ich Holmes gab. Mit diesem stocherte er eine Weile in dem Maul herum, bis er endlich einen runden Gegenstand herauszog, der in ein Stück Samt gewickelt war. Andächtig schlug mein Freund den Stoff auseinander, und ich erkannte einen Diamanten von unfassbarer Größe. So etwas hatte ich in meinem Leben noch nicht gesehen.

»Holmes«, flüsterte ich heiser. »Was um Gottes willen ist das?«

»Das ist der Koh-i-Noor, der Berg des Lichts«, sprach Holmes ebenso ehrfürchtig und hielt den Edelstein in die Höhe. »Er gehört zu den Kronjuwelen von Queen Victoria und hat einen unermesslichen Wert. Ein Diamant von über 100 Karat, er war ein Symbol der Macht der Maharadschas in Punjab, doch ein Fluch soll auf ihm liegen, der ausschließlich Männer trifft. Queen Victoria hat ihn in einer Brosche getragen. Sehen Sie diese Farben, Hellmann? Ist das nicht unglaublich? Er wurde vor drei Monaten aus dem Tower of London entwendet. Seitdem bin ich ihm auf der Spur. Aber jetzt wollen wir Käpt'n Albers nicht so lange warten lassen, geben Sie mir bitte die kleine weiße Schatulle aus der Tasche.«

Ich reichte ihm das Gewünschte und sah zu meiner Verwunderung, dass er aus der Schatulle einen Diamanten holte, der dem Koh-i-Noor zum Verwechseln ähnlich war.

»Was ist das? Woher haben Sie …?«

»Das ist ein wertloses Duplikat«, unterbrach Holmes mein Gestammel und tauschte die beiden Steine miteinander aus. Das wertvolle Juwel fand seinen Platz in der Schatulle, das Duplikat verschwand in Samt gehüllt im Maul der Löwin. Flink verschlossen wir die Kisten wieder und beseitigten so gut es ging die Spuren. Dann machten wir uns durch die engen Gänge auf den Rückweg zur Brücke, den Holmes ebenso sicher fand, wie er die Kisten in diesem Labyrinth gefunden hatte.

Kapitel 23

Zwei Stunden später saßen wir im Hotel »Stadt Frankfurt« im luxuriösen Speisesaal bei einem üppigen Frühstück. Genussvoll verdrückte ich Weißbrot mit Marmelade sowie Gebäck und trank dazu einen starken Kaffee mit Milch. Das flaue Gefühl in meinem Magen verschwand allmählich. Wir waren glücklich aus dem Freihafen zurückgekehrt, und Holmes hatte den wertvollen Koh-i-Noor bei der benachbarten Bank in einem Schließfach sicher verwahrt. Auch er bediente sich ausgiebig an unserem Frühstückstisch.

»Wir haben einen Grund zu feiern, Hellmann! Wenn es nicht so früh wäre, würde ich Sie auf einen Drink einladen.«

»Oh nein, danke, lieber nicht. Ich habe noch genug von dem Grog, den uns der Hafenmeister serviert hat.«

»Der größte Diamant der Kronjuwelen ist gerettet. Sie müssen mir versprechen, dass Sie darüber absolutes Stillschweigen bewahren. Kein Wort zu niemandem, auch nicht zu Sophie.« Eindringlich blickte Holmes mich an. »Der Fall ist noch nicht abgeschlossen, es wäre eine Katastrophe, wenn etwas davon an die Öffentlichkeit dringt.«

»Sie können auf meine Verschwiegenheit zählen«, beteuerte ich. Ich war mir der Bedeutung dieser Worte durchaus bewusst. Dass ein Teil der Kronjuwelen in Bremen aufgetaucht war, war ein Skandal ohnegleichen, und dass ich bei der Entdeckung des Koh-i-Noor dabei sein durfte, ein unglaubliches Glück. Holmes musste großes Vertrauen in mich setzen, wenn er mich daran beteiligte.

»Kehren Sie in die Schönhausenstraße zurück?«, wollte ich wissen.

»Dafür ist es zu früh. Es gilt, die Mittelsmänner in Bremen dingfest zu machen. Irgendjemand wird den Diamanten aus der Löwin herausholen, und das muss ich von diesem Hotel aus beobachten. Aber genug davon. Ich war in der Zwischenzeit in Sachen Friedhelm Beck nicht untätig, was Sie sicher interessieren dürfte.«

Holmes steckte genüsslich seine Pfeife in Brand, und ich staunte über seine Fähigkeit, zwei Ermittlungen, nein, die Raubüberfälle mitgezählt, drei Ermittlungen gleichzeitig zu führen. Begierig, die neuesten Entwicklungen zu erfahren, lauschte ich gespannt.

»Wenn es mir meine Zeit erlaubte, habe ich in den letzten Wochen abends in meiner Verkleidung als Jack die ›Krabbe‹ aufgesucht«, begann mein Tischgenosse seinen Bericht. »Und ich habe einige äußerst bemerkenswerte Dinge erfahren. Wie üblich war Sven jeden Abend dort in der Hoffnung, Barbara wiederzusehen. Diese hat sich jedoch nicht erfüllt, die junge Dame hat wohl genug vom Schnoor und bleibt lieber in ihrer Mühle in Horn. Ich habe Sven nicht erzählt, dass Gustav ihn zur Tatzeit in die ›Krabbe‹ hat gehen sehen, das soll Kommissar Meier erledigen, wenn er ihn verhört.

Wir haben unsere Freundschaft wieder aufleben lassen, und Sven hat im Vertrauen so einiges ausgeplaudert. Vor etwa einer Woche, er hatte gerade einen großen Teller mit Fisch und Bratkartoffeln vor sich, musste er sich schnäuzen, die Influenza hat auch vor ihm nicht Halt gemacht. Also zieht er sein Taschentuch aus der Hosentasche, und da fallen ihm etliche Pfefferkörner gleich mit hinaus. Das kam mir bekannt vor: Solche habe ich bei der Untersuchung von Barbaras Zimmer auf dem Fußboden gefunden.

Wie wir wissen, war Sven am Abend des Mordes in der ›Krabbe‹ und mit Sicherheit in Barbaras Zimmer, wie nun an den Pfefferkörnern zu beweisen ist. Ich tue ganz erstaunt, wie er sich das leisten kann, Pfeffer zu kaufen, wo der so teuer ist. Da lacht er und sagt, dass er davon noch viel mehr hat. Er verrät mir, dass er sich regelmäßig an den Pfeffersäcken von Herrn Bruns bedient. Er zapft sie an und entnimmt immer nur so viel, dass es nicht auffällt. Damit das Gewicht stimmt, steckt er ein paar Kieselsteine in die Säcke. So hat er einen florierenden Handel unter der Hand eröffnet.

Die Hausfrauen im Schnoor sind glücklich, wenn sie den Pfeffer zu einem Sonderpreis erhalten, und er bessert seinen Lohn auf. Jetzt, wo Bruns im Gefängnis sitzt, kann er sich noch ungenierter bedienen. Das ist also die Geldquelle von Sven, darum kann er es sich leisten, seinen Freunden gegenüber so großzügig zu sein. Ich habe ihm gleich eine ordentliche Handvoll Pfeffer abgekauft, so haben wir das Beweismittel gesichert.«

»Wo genau haben Sie die Pfefferkörner bei Barbara gefunden?«, erkundigte ich mich.

»Eine ausgezeichnete Frage, Hellmann, das ist in der Tat elementar. Sie lagen unmittelbar neben dem Bett, Sven war folglich nicht nur an der Tür, sondern direkt bei Friedhelm. Fragt sich nur, ob Friedhelm noch gelebt und nur geschlafen hat, als Sven dort stand, oder ob Sven sich die Leiche genauer betrachtet, sie eventuell sogar umgedreht hat.«

»Sven ist der Mörder, ganz bestimmt, es kann gar nicht anders sein.« Aufgeregt sprang ich auf. »Wir müssen zu Kommissar Meier und ihm alles erzählen, Sven muss sofort verhaftet werden.«

»Nicht so schnell!« Holmes zog mich auf meinen Stuhl zurück. »Es spricht zwar vieles gegen ihn, aber er ist nicht der Typ, der hinterrücks einen Schlafenden erschlägt.«

»Sie haben selbst gesagt, dass er ein Hitzkopf ist. Und er war stark betrunken, in so einem Zustand fallen die Hemmungen.«

»Überlassen wir es Meier, ihm auf den Zahn zu fühlen, möglicherweise irre ich mich. Und so lange das Gegenteil nicht bewiesen ist, bleibt Sven auf der Liste der Verdächtigen.«

Trotz der Fürsprache von Holmes war ich davon überzeugt, dass Sven Friedhelm erschlagen hatte. Schließlich hatte Gustav gesehen, wie dieser ins Gasthaus ging, war unmittelbar danach ins Zimmer von Barbara gegangen und hatte Friedhelm tot vorgefunden. Wer sollte sonst der Mörder sein? Ich fing an, an Holmes' Fähigkeiten als Detektiv zu zweifeln, auch er konnte sich irren.

»Wir haben zur Tatzeit folgende Situation: Bruns wurde von Friedhelm erpresst und war im Zimmer nebenan. Tammo wurde von Friedhelm erpresst und befand sich laut der zweifelhaften Aussage des Küsters im Dom. Sven ist in Barbara verliebt und stand zur fraglichen Zeit neben Tammos Bett. Gustav ist in Barbara verliebt und hat ebenfalls das Zimmer betreten, möglicherweise schon vor Sven, er kann uns in diesem Punkt belogen haben. Line hat ihren Mann vermisst und ihn tot in Barbaras Zimmer vorgefunden.«

»Ein ganz schönes Kommen und Gehen am Tatort«, bemerkte ich und wusste nun gar nicht mehr, wen ich für den Täter halten sollte.

»Ja, der reinste Bienenstock. Darüber hinaus gibt es eine weitere Besonderheit in der ›Krabbe‹, die eine Rolle spielen könnte: Im Zimmer von Ludwig trifft sich regelmäßig eine Runde zum Skat.«

»Ein schönes Spiel«, warf ich ein, »nicht einfach.«

»Eine gute Übung für die Konzentration und das Gedächtnis«, stimmte mir mein Freund zu. »In der ›Krabbe‹ wird allerdings um Geld gespielt, viel Geld.«

»Aber das ist Glücksspiel, das ist verboten.«

»Korrekt. Ich habe an den Runden teilgenommen.«

»Seit wann können Sie Skat? Ich dachte, in England wird überwiegend Bridge gespielt.«

»Ich habe es mir zu diesem Zweck angeeignet.«

Ich war bass erstaunt. Ich hatte mich in meinen Marburger Studientagen mehrfach daran versucht und war immer kläglich gescheitert. Zu kompliziert war das Verfahren mit Reizen, Kontra und Re für mich gewesen.

»Dann haben Sie sicher viel Geld verloren«, bedauerte ich meinen Freund.

»Im Gegenteil. Ich habe ein ansehnliches Sümmchen gewonnen, das nur am Rande. Wesentlicher ist, wer an diesen Runden teilgenommen hat.«

»Und, wer?«, fragte ich mäßig interessiert, denn ich sah nicht ein, was das Glücksspiel mit unserem Mord zu tun haben sollte.

»Tammo war immer dabei, er ist der Initiator des Glücksspiels und verliert trotzdem meist viel Geld. Er ist wirklich nicht der Hellste und macht beim Spielen ganz entscheidende Fehler. Es sieht ganz so aus, als wäre er spielsüchtig.«

»Dann könnte Friedhelm ihn damit erpresst haben.«

»Durchaus, falls er es gewusst hat.«

»Barbara hat ihm bestimmt davon erzählt.«

»Vermutlich, sie wirkt nicht so, als ob sie ein Geheimnis für sich behalten könnte. Gelegentlich war der Küster aus dem Dom dabei und hat erstaunlich viel Geld gesetzt. Als Küster wird er nicht so viel verdienen. Es stellt sich die Frage, woher er und Tammo so viel Geld haben, die beiden scheinen mir ein eingespieltes Team zu sein, das etwas zu verbergen hat. Regelmäßig waren ein Arzt und ein Fabrikant mit von der Partie, und Bruns soll früher gelegentlich mitgemischt haben.«

»Haben wir jetzt weitere Verdächtige? Was zaubern Sie denn noch alles aus dem Hut?«, stöhnte ich. Der mangelnde Schlaf, die komplizierten Ermittlungen und letztendlich der starke Grog auf nüchternen Magen machten sich bei mir in einer gewissen Gereiztheit bemerkbar. Holmes mochte mit derart verworrenen und anstrengenden Situationen Erfahrung und Routine haben, ich sehnte mich im Moment einfach nur nach Ruhe, nach der sanften Stimme von Sophie und meinem gemütlichen Heim.

»Mein lieber Freund«, versuchte Holmes mich zu besänftigen, »ich sehe, dass Sie ein wenig Erholung brauchen. Gehen Sie nach Hause, und schlafen Sie sich erst einmal richtig aus. Ich werde unterdessen zu Kommissar Meier gehen und ihm von den neusten Entwicklungen im Mordfall Beck berichten. Er muss aktiv werden und Sven, Tammo, Gustav und den Küster noch einmal vernehmen, diese vier haben einiges zu erzählen. Jack Jones werde ich inzwischen beerdigen, er hat seine Schuldigkeit getan.«

»Wie wollen Sie das bewerkstelligen?«

»Ganz einfach, ich lasse das Gerücht verbreiten, dass ich wegen Betrugs polizeilich gesucht werde und schleunigst untertauchen muss. In der ›Krabbe‹ wird dafür jeder Verständnis haben.«

Kapitel 24

»Hellmann, ich muss ins Krankenhaus und bitte Sie, mich zu begleiten.«

Erschreckt drehte ich mich um – ich war gerade dabei gewesen, aus unserem hohen Apothekerschrank ein Paket Natron zu holen, als mich Holmes' Stimme aus meinem Alltag riss.

»Um Gottes willen, sind Sie krank, was fehlt Ihnen?« Es war für mich nahezu unvorstellbar, dass diesen drahtigen und widerstandsfähigen Mann eine Krankheit plagen könnte.

»Wo denken Sie hin? Gustav liegt im Großen Krankenhaus im Koma, und Kommissar Meier ist dort. Ich möchte erfahren, was vorgefallen ist.«

»Ach so!« Ich atmete erleichtert auf. »Ich dachte schon, Ihnen wäre etwas passiert. Einen Moment bitte. Ich bediene eben diesen Kunden zu Ende, dann bin ich startklar.«

Der Weg zum Krankenhaus war kurz. Wir mussten nur die von prächtigen Ulmen gesäumte Humboldtstraße bis zum Ende gehen, und da befanden sich schon die düsteren Backsteingebäude, in denen die unterschiedlichen Abteilungen der Klinik untergebracht waren.

»Wir müssen in die Innere Medizin«, beschied mir Holmes, als wir auf das Haupthaus zusteuerten. Am Empfang saß eine junge Schwester in ihrer Tracht und blickte uns fröhlich entgegen. Ihre karottenroten Haare blitzten unter der Haube hervor, und zahlreiche Sommersprossen zierten ihr Gesicht.

»Zu wem möchten Sie?«, fragte sie mit leicht quäkender Stimme.

»Zu Gustav Kirchner, er liegt in der Inneren Abteilung«, sagte mein Begleiter, der keinen Sinn für die drollige Schönheit der Schwester zu haben schien.

»Einen Augenblick.« Die junge Frau durchforstete eine große Registratur und teilte uns dann mit: »Der Patient liegt hier im Haus in der ersten Etage in Zimmer 114. Aber ich befürchte, dass Sie nicht zu ihm gelassen werden, er steht unter Polizeischutz.«

Holmes ignorierte den letzten Satz und steuerte die große Treppe an, die in die oberen Stockwerke führte. Oben angekommen, wandten wir uns nach rechts und schritten einen schier endlosen Gang entlang. Es roch nach Karbol, Bohnerwachs und Kernseife. Schwestern in weißen Trachten, die geschäftig vorbeieilten, musterten uns skeptisch. Auf der rechten Seite befanden sich die Krankensäle, und einige Türen standen offen. In langen Reihen standen die Betten an den Wänden nebeneinander, leises Stöhnen erfüllte die Räume. Vor Zimmer 114 saß ein Polizeidiener in Uniform.

»Sagen Sie Ihrem Chef, dass Sherlock Holmes und Herr Hellmann hier sind«, forderte Holmes den Wachmann auf, der umgehend im Zimmer verschwand. Gleich darauf wurden wir hineingelassen. Dies war kein Krankensaal mit über 15 Patienten, der Binnenschiffer lag allein in einem winzigen Zimmer in einem weißen Metallbett und rührte sich nicht. Auf der einen Seite stand Kommissar Meier, auf der anderen offensichtlich ein Arzt.

»Was ist passiert?«, fragte mein Freund ohne jede Einleitung.

»Kirchner ist in die Weser gefallen, als er sein Schiff betreten wollte und hat seinen Kopf am Schiffsrumpf aufgeschlagen. Er war wohl sofort bewusstlos. Sein Vater konnte ihn gerade rechtzeitig aus dem Wasser ziehen, sonst wäre er ertrunken. Wir vermuten, dass er gestoßen wurde«, antwortete Meier an Stelle einer Begrüßung.

»Gibt es Zeugen?«

»Keine. Sein Vater war in der Kajüte und hat nur den Aufprall des Kopfes gegen das Schiff gehört. Als er hinausgeeilt ist, schwamm Kirchner schon im Wasser. Gesehen hat der Vater weit und breit niemanden, wie er sagt. Aber er hat sich natürlich zuerst um seinen Sohn gekümmert und bestimmt nicht auf alles geachtet. Wir haben heute Morgen Sven Schnakenberg festgenommen, er hat ein starkes Motiv. Genaueres erzähle ich Ihnen später in Ruhe.«

»Wann ist das passiert?«

»Gestern Nacht gegen elf Uhr. Ich habe schon geschlafen, als mich ein Wachtmeister aus dem Schlaf geklingelt hat.« Meier seufzte. »Da habe ich mich gerade ein bisschen von meiner Krankheit erholt und dann so was.« Er kratzte sich sorgenvoll an seinem Backenbart. »Meine Frau ist schon in heller Aufregung, dass ich wieder einen Rückfall kriege. Die halbe Nacht habe ich mir um die Ohren geschlagen.«

»Hat Kirchner irgendwas gesagt?«

»Das konnte er nicht. Seit sein Vater ihn aus dem Wasser gefischt hat, hat er keinen Mucks getan.«

Holmes näherte sich dem Krankenbett und blickte Gustav aufmerksam an. Dieser lag regungslos unter einer dünnen Decke. Sein Kopf war von einem dicken Verband wie von einem Turban umhüllt, die Augen waren fest geschlossen.

Das schmale Gesicht war blass und eingefallen und stand in scharfem Kontrast zu den buschigen Augenbrauen und dem dünnen Bart.

»Können Sie sagen, wann der Patient wieder aufwacht?«, wandte sich Holmes an den Arzt. Es war ein junger Mann, der einen sympathischen Eindruck machte, was man selten von Krankenhausärzten sagen kann, die meisten pflegen ein militärisches Gebaren an den Tag zu legen. Dieser hob entschuldigend beide Hände in die Höhe.

»Das lässt sich nicht voraussehen. Vielleicht in drei Stunden, vielleicht erst in drei Monaten. So ein Koma ist tückisch. Wir vermuten eine Hirnblutung durch den Schlag auf den Kopf. Möglicherweise wacht er gar nicht mehr auf, oder er erwacht, aber sein Gehirn hat solch schweren Schaden erlitten, dass er etwas zurückbehält. Allerdings reagiert Herr Kirchner auf äußere Reize, das ist ein gutes Zeichen. Sehen Sie hier!« Der Arzt entnahm seinem Kittel einen spitzen Metallstift und stieß damit in Gustavs Arm. Reflexartig schnellte der Arm nach oben, während die Augen fest geschlossen blieben.

»Gibt es außer der Wunde am Kopf weitere Verletzungen?«, fragte Holmes.

»Ein paar Schürfwunden am Körper, nichts Außergewöhnliches. Aber sehen Sie selbst, wenn Sie möchten. Kommissar Meier hat mir bereits berichtet, dass Sie ein Spezialist bei der Lösung von kriminalistischen Problemen sind. Sie können den Patienten gerne untersuchen, natürlich mit der gebotenen Vorsicht und nur unter meiner Aufsicht.«

Holmes nahm das Angebot dankend an und begann, den Körper von Gustav Kirchner akribisch und unter Zuhilfenahme seiner Lupe Zentimeter für Zentimeter zu betrachten. Gelegentlich zuckte der Patient etwas, doch der schlafähnliche Zustand hielt an. Schweigend standen wir drei daneben und betrachteten die gründliche Inaugenscheinnahme. Nachdem eine ganze Weile vergangen war, packte mein Freund seine Lupe ein und wandte sich der Tür zu.

»Hier gibt es nichts mehr zu sehen. Herr Meier, wollen wir nun alles Weitere draußen besprechen?«

»Gerne, meine Kutsche wartet vor der Tür. Wir können in meine Wohnung fahren, meine Frau würde sich sicher freuen, Sie wieder als Gäste begrüßen zu dürfen.«

Wir verabschiedeten uns von dem Arzt, dessen Namen ich bis heute nicht weiß, und verließen das Krankenhaus. Eine Polizeikutsche fuhr uns die kurze Strecke zu Meiers Wohnung und setzte uns vor der bekannten Konditorei ab. Der Kommissar wuchtete seine Pfunde die Treppe hinauf und wurde von seiner Frau freudig begrüßt.

»Endlich kommst du nach Hause«, zirpte sie und klapperte wie üblich mit ihrem Schmuck. »Und zwei so nette Gäste hast du mitgebracht. Welche Freude, meine Herren! Kommen Sie herein, dieses Mal kommen Sie an unserem Baumkuchen aber nicht vorbei«, lachte Frau Meier und stieß Holmes verschwörerisch in die Seite. Der schaute recht indigniert drein, während ich mich auf die Köstlichkeiten in diesem Haus freute und Frau Meier mit einem eleganten Handkuss einen guten Tag wünschte.

»Ach, Herr Hellmann! Sie sind der Einzige unter diesen Ermittlern und Detektiven, der sich zu benehmen weiß«, flötete sie. »Und Sie wissen unseren Kuchen zu würdigen, ja, das habe ich nicht vergessen.« Bei diesen Worten zwinkerte sie mir zu und entschwand.

Meier ließ sich mit einem Ächzen auf das Sofa fallen.

»Hat die Untersuchung von Kirchner etwas Interessantes ergeben?«, wollte er von Holmes wissen.

»Nein, nichts. Kein Hinweis darauf, dass ihn jemand gestoßen haben könnte. An seinem Körper waren, wie der Arzt gesagt hat, lediglich einige Schürfwunden, die vermutlich entstanden sind, als sein Vater ihn ans Ufer gezogen hat. Nach Ihrer Nachricht heute früh war ich im Übrigen am Anleger an der Kleinen Schlachte. Auch dort habe ich nichts gefunden, was auf ein Fremdverschulden hindeutet. Keine Spuren von anderen Personen als von Gustav und seinem Vater. Dafür fand ich den Steg vom Ufer zum Boot völlig vereist vor. Es ist sehr gut möglich, dass Gustav Kirchner schlicht auf dem Eis ausgerutscht ist.«

»So ein erfahrener Flussschiffer?« Meier wiegte seinen Kopf zweifelnd hin und her. »Ich habe auf Ihr Anraten hin mehrere Personen verhört und dabei höchst verdächtige Dinge erfahren.«

Gespannt beugte sich Holmes in seinem Sessel, in dem er Platz genommen hatte, vor. »Erzählen Sie!«

In diesem Moment betrat Frau Meier mit einem großen Tablett das Zimmer. »Der Baumkuchen und eine schöne Tasse Kaffee für die Herren«, zwitscherte sie und stellte das Tablett auf unserem Tischchen ab. »Und für dich, mein Liebster, eine Schokolade.«

»Vielen Dank, meine Liebe«, brummte der Kommissar. »Und nun lass uns bitte allein, wir haben Wichtiges zu besprechen.«

»Selbstverständlich«, entgegnete seine Frau. »Aber dass du dich nicht wieder zu sehr aufregst, denk an dein Herz.«

»Als Erstes habe ich Gustav Kirchner vernommen«, begann Meier, nachdem seine Frau gegangen war. »Er hat genau das erzählt, was ich von Ihnen bereits wusste. Er habe die ›Krabbe‹ beobachtet, Sven hinein- und bald wieder herauskommen sehen und sei danach selbst im Zimmer von Barbara gewesen. Dort habe er die Leiche von Friedhelm entdeckt und sei schleunigst entflohen. Kirchner ist damit unser wichtigster Zeuge. Danach haben wir gestern Morgen Sven Schnakenberg in die Mangel genommen. Wir haben ihn zu Hause in seinem Zimmer im Schnoor direkt neben der Synagoge und dem Waisenhaus aufgesucht. Nach Ihrem Bericht wollte ich sehen, ob er tatsächlich irgendwo Pfeffer gehortet hat.«

»Sind Sie fündig geworden?«, wollte mein Freund wissen.

»Allerdings. In einer Kiste unter seinem Bett hatte er bestimmt zwei Pfund Pfefferkörner, ein Vermögen für einen einfachen Lagerhausarbeiter. Wir haben ihn damit konfrontiert, dass ebensolche Pfefferkörner bei Friedhelms Leiche neben dem Bett gefunden wurden und dass Gustav Kirchner ihn beim Betreten der ›Krabbe‹ beobachtet hat.«

»Wie hat er reagiert?«

»Oh, er hat einen regelrechten Tobsuchtsanfall bekommen. Den Pfeffer habe er über Jahre mühsam im Packhaus vom Boden aufgesammelt, das sei ja wohl nicht strafbar. Und Barbara sei schließlich Köchin, da wäre es nicht verwunderlich, dass bei ihr Pfeffer gefunden werde. Außerdem sei er an dem Abend des Mordes an der Schlachte gewesen und habe dort etwas getrunken, dies könnten viele bezeugen. Gustav sei ein

Lügner, der es auf Barbara abgesehen habe und ihn aus dem Weg räumen wolle. Dieser Wanderprediger solle sein Schandmaul halten, und so ging es in einem fort.«

»Wie er mir im Vertrauen erzählt hat, war er zum Tatzeitpunkt bereits zu Hause und hat seinen Rausch ausgeschlafen«, verriet Holmes.

»Dann hat er Ihnen wohl nicht die Wahrheit gesagt.«

»Möglich.«

»Wie dem auch sei, nachdem Kirchner gestern Abend in der Weser fast ertrunken und damit der wichtigste Belastungszeuge gegen Sven aus dem Weg geräumt wäre, haben wir Herrn Schnakenberg sofort verhaftet. Er hat Gustav in den Fluss gestoßen, um zu verhindern, dass er gegen ihn aussagt, und er hat auch Friedhelm Beck aus Eifersucht umgebracht, das ist eine ganz klare Sache. Bruns bleibt trotzdem weiterhin in Haft, wir ermitteln schließlich wegen der Verschiffung von Sklaven immer noch gegen ihn, obwohl sich abzeichnet, dass wir in dieser Angelegenheit nicht viel Erfolg haben werden. Die Beweise sind zu dürftig, und die zuständigen Behörden in Brasilien verweigern die Zusammenarbeit. Gegen Tammo haben wir auf Ihren Wunsch hin noch nichts unternommen, aber langfristig müssen wir dieses heimliche Glücksspiel unterbinden.« Meier ließ sich in die Kissen fallen und widmete sich seiner Schokolade.

Holmes schwieg in Gedanken versunken, während ich bereits mein drittes Stück Baumkuchen aß, er war einfach zu köstlich.

»Es sieht fast so aus, als wäre dieser Fall gelöst«, meinte Holmes nach einer langen Pause. »Und trotzdem …«

»Der Fall ist gelöst«, triumphierte Meier und nippte genüsslich an seiner Tasse.

»Wenn da nicht der Ring von Frau Wernicke wäre, wie kommt der Ring in Barbaras Zimmer? Hat Sven auch die Raubüberfälle verübt? Das sind die entscheidenden Fragen.«

»Machen Sie es nicht so schwierig, Herr Holmes. Sie haben eine Neigung dazu, sich das Leben schwer zu machen. Wir haben jetzt den einen Fall geklärt, die Raubüberfälle stehen auf einem anderen Blatt.«

»Meier macht es sich zu einfach«, sagte Holmes, als wir uns zurück in die Schönhausenstraße begaben. »Die Dinge liegen weitaus komplizierter, als er meint, der Kommissar ist auf einer völlig falschen Spur.«

»Aber wer war es dann?«, erkundigte ich mich. In mir stieg der Verdacht auf, dass Holmes eine kleine Schwäche für Sven entwickelt hatte.

»Später. Ich muss noch einiges klären, bevor ich sicher sagen kann, wer Friedhelm erschlagen hat. Ich habe für Sie allerdings eine Nachricht, die Sie überraschen wird: Der Großvater von Sophie ist gestorben.«

»Was?« Ich blieb abrupt stehen. »Woher wissen Sie das? Hat Sophie wieder einen Brief geschrieben?«

»Nein, Frau Schütte, meine Vermieterin, hat gestern ein Telegramm mit dieser Nachricht erhalten, es geht schließlich um ihren Vater. Sie fährt demnächst nach Hamburg zur Beerdigung.«

»Was wird dann mit Sophie?«, wollte ich wissen.

»Dazu stand nichts in dem Telegramm.«

Kapitel 25

In meinem Kopf tobte ein Sturm von Gedanken. Ich saß in unserer Küche im Souterrain und sah Hektor beim Fressen zu. Es war schon früher Abend, und ich hatte gerade eine Runde mit ihm im Bürgerpark gedreht. Sophie und ihre Mutter waren nun allein in Hamburg, viel Geld hatten sie nicht, wie sollten sie leben? Der Großvater hatte nur eine Mietwohnung gehabt, und seine Rente als Staatsbeamter fiel mit seinem Tod weg. Wie lange würden sie sich die Wohnung leisten können? Hier in Bremen hatten sie kostenlos im Haus von Sophies Tante gewohnt, ob sie vielleicht zurückkehren würden? Würde ich Sophie wiedersehen? Aber inzwischen wohnte Holmes gegenüber im Erdgeschoss, doch wer weiß, wie lange noch. Wenn sein Auftrag erledigt war, würde er sicher wieder nach London ziehen, immerhin hatte er den Diamanten, den Koh-i-Noor, schon gefunden. Aber wenn Holmes nicht mehr in Bremen wäre, würde ich ihn vermissen. Ich hatte mich an unsere aufregenden Ausflüge gewöhnt, sie bereicherten auf nie gekannte Art mein Leben. So gingen meine Gedanken hin und her zwischen Hoffen und Bangen.

»Na, Hektor, mein alter Freund, was meinst du? Werden wir Sophie wiedersehen?« Ich kraulte den Hund hinter den Ohren, und er streckte mir bereitwillig den Kopf hin.

Sherlock Holmes hatte ich in den letzten Tagen kaum gesehen. Er tauchte immer mal wieder in der Gestalt des Mister Fielding mit Ulster, Zylinder und rotem Ziegenbart in der Schönhausenstraße auf und verschwand ebenso schnell. Vermutlich hielt er sich überwiegend im Hotel »Stadt Frankfurt« auf. So saß ich in Gedanken vertieft in unserer Küche, als es plötzlich gegen die Scheibe klopfte. Dazu muss ich sagen, dass die Küchenfenster zur Straße hin liegen, während sich die Waschküche auf der Gartenseite befindet. Ich zuckte zusammen und blickte entgeistert in die Dunkelheit vor dem Fenster. Hektor dagegen sprang auf und lief freudig bellend zur Tür. Da erkannte ich, dass es Holmes war, der mir dringlich zuwinkte. Ich folgte Hektor und öffnete die Tür des Souterrains.

»Womit haben Sie meinen Hund bestochen, dass er so vertrauensvoll auf Sie reagiert? Sonst hält er alle, die sich nachts dem Haus nähern, für Einbrecher«, begrüßte ich meinen Freund.

»Leckereien«, meinte Holmes knapp und reichte Hektor eine solche.

»Ich hätte es wissen müssen, Sie kennen alle Tricks, um sich in ein Haus zu schleichen.«

»Exakt darum bin ich gekommen. Haben Sie Lust, mich bei einem Einbruch zu begleiten?«

Ich glaubte, mich verhört zu haben. »Ein Einbruch? Was um Himmels willen haben Sie vor?«

»Ich muss dringend ins Museum.«

»Bieten sich für eine Besichtigung nicht eher die hellen Tagesstunden an?«

»Hellmann, jetzt ist keine Zeit für Scherze. Sie kennen die Ausstellungsräume, die sich im Gebäude des Künstlervereins unter dem Dach befinden?«

»Ja, ich war schon einmal dort. Die Ausstellung hat mich

aber nicht sehr begeistert. Zu viele Vögel und Insekten, wenn Sie mich fragen.«

»Die Sammlung ist nun um einiges spannender, drei Löwinnen sind dazugekommen. Das dürfte Sie interessieren.«

»Die Löwen aus dem Freihafen?«, rief ich erstaunt aus.

»Nun ja, für das Tiergehege im Bürgerpark sind sie nicht lebendig genug, also sind sie seit heute Nachmittag im Museum. Aber die Zeit drängt, bald schließt das Museum, und dann muss ich auf dem Posten sein. Was ist, kommen Sie mit?«

Ich ließ mich nicht lange bitten und zog mir schnell meinen dunkelsten, aber elegantesten Anzug an, dazu Schuhe mit Gummisohlen, auf beidem hatte Holmes kurioserweise bestanden.

»Im Künstlerverein ist heute eine Tanzveranstaltung, dann fallen wir nicht auf und können ohne Probleme in die oberen Stockwerke gelangen«, erzählte Holmes, als wir auf dem Weg zur Domsheide waren. Das Museum war schon seit einigen Jahren im Domanbau untergebracht, in dem auch der Künstlerverein beheimatet war. Bis Bremen ein großes Museum am Hauptbahnhof bekam, sollten noch einige Jahre vergehen.

Wir erreichten die Domsheide, wo stolz der bronzene schwedische König Gustav II. Adolf mit einem federgeschmückten Hut auf seinem Sockel stand. Die Türen zum Domanbau standen weit offen, anscheinend strömten gerade die Besucher der Tanzveranstaltung in den großen Saal des Künstlervereins. Er war überaus prächtig und bot rund tausend Besuchern Platz. Kostümbälle, regelmäßige Konzerte und gesellige Zusammenkünfte lockten die Bremer in den Saal, der mit einer wunderschönen Kassettendecke, Kronleuchtern und Wandgemälden verziert war. Fast jeder, der in Bremen Rang und Namen hatte, war Mitglied im Künstlerverein, mich eingeschlossen, und ich befürchtete, schnell erkannt zu werden. Allerdings beruhigte mich, dass Holmes für seine Ermittlungen in Bremen gewissermaßen einen Freibrief hatte. Selbst wenn wir bei unserer nicht ganz legalen Aktion erwischt werden sollten, hatten wir sicherlich keine Konsequenzen zu befürchten.

In dem allgemeinen Durcheinander fiel es uns nicht schwer, unauffällig die Treppen in die oberste Etage zu nehmen, und bald standen wir vor einer breiten Tür, dem Eingang zum Museum. Holmes entzündete eine Kerze, die er mir reichte, holte aus seiner Manteltasche einige Instrumente und machte sich routiniert am Türschloss zu schaffen. Bei genauerem Hinsehen erkannte ich, dass es sich um Dietriche handelte.

»Wo haben Sie gelernt, wie man mit einem Dietrich umgeht?«, fragte ich verwundert, doch Holmes zischte mir nur zu und legte seinen Zeigefinger an die Lippen. Nach einer Weile tat es einen Knacks, und die Tür war offen. Wir traten in das dunkle Museum, und mein Freund verschloss die Tür wieder ebenso sorgfältig hinter uns. Durch ein Fenster, das zur Domsheide ging, fiel ein wenig Licht in den Raum, sodass wir uns orientieren konnten.

In diversen Vitrinen waren Vögel, Käfer und Schmetterlinge ausgestellt, in anderen Waffen und Kuriositäten aus Übersee. Es war ein großer Saal, in dem wir uns befanden, und mein Begleiter steuerte zielsicher auf das hintere Ende zu. Leise schlichen wir an den Vitrinen vorbei. Plötzlich standen wir einer mittelgroßen düsteren Gestalt gegenüber. Ich schrak zusammen, und mein Herz begann noch stärker zu pochen als zuvor. Wir waren entdeckt! Holmes strebte unbeeindruckt weiter, und ich fragte mich, wie er eine derartige Bedrohung ignorieren konnte.

»Wo bleiben Sie, Hellmann?«, flüsterte er und winkte mir zu. Ich deutete auf die Person, die mir regungslos gegenüberstand.

»Sehen Sie denn nicht, dass es sich nur um eine japanische Rüstung handelt?«

Ich hob die Kerze näher an das Gesicht des Fremden und stellte fest, dass es aus Eisen war. Ich hatte mich umsonst geängstigt, es war in der Tat die Rüstung eines japanischen Kriegers. Von unten drangen Stimmen und Musik zu uns herauf, das Fest schien seinen Anfang zu nehmen. Wir schlichen weiter, bis wir fast am Ende des Saals angekommen waren. Auf einem großen Sockel erkannte ich drei mir bekannte Figuren. Die Löwinnen standen einträchtig beieinander und wirkten im Halbdunkel nahezu wie lebendige Raubkatzen. Holmes steuerte auf eine große Truhe zu, die sich in unmittelbarer Nähe befand. Mir schwante Böses: »Das ist jetzt nicht Ihr Ernst!«

»Was wollen Sie, Ihr Domizil ist noch die bequeme Lösung. Ich werde dort hinter dem Vorhang die ganze Zeit stehen müssen. Das kann nach einigen Stunden recht anstrengend werden, glauben Sie mir.« Er hob den Deckel der Truhe an und deutete hinein. »Wie Sie sehen, habe ich sogar mit einem Kissen für Ihre Bequemlichkeit gesorgt. Hier vorne befindet sich ein Loch, durch das Sie das Löwinnen-Ensemble beobachten können. Also steigen Sie schon ein.«

Mein Freund war definitiv nicht zum ersten Mal in dieses Museum eingebrochen, schloss ich. Wie sonst hätte er ein Loch in diese Truhe bohren und ein Kissen hineinlegen können?

»Aber auf was soll ich achten? Was soll ich machen, worauf warten wir überhaupt?« Holmes hatte bis jetzt mit keinem Wort preisgegeben, um was es überhaupt ging, und was wir hier zu so später Stunde verloren hatten.

»Ja, ist Ihnen das nicht klar?«, wunderte er sich. »Es liegt doch auf der Hand, wir warten natürlich auf denjenigen, der den Diamanten aus dem Löwen herausholt und ihn weiterreicht.«

»Und das passiert heute Nacht?« Ich hatte da so meine Zweifel.

»Mit hoher Wahrscheinlichkeit. Im Hotel ›Stadt Frankfurt‹ ist vorgestern ein Diamantenschleifer aus Idar-Oberstein aufgetaucht, Herr Ratzewill. Ich habe ihn schon erwartet, er wird den Diamanten in Empfang nehmen, nach Idar-Oberstein bringen und ihn dort so weit bearbeiten, bis ihn keiner mehr wiedererkennt. Möglicherweise zertrümmert er ihn in mehrere Stücke. Zum Glück kann dies keinen wirklichen Schaden mehr anrichten, wir haben den Koh-i-Noor rechtzeitig ausgetauscht. Sollte er ihn zerkleinern wollen, zerspringt er in tausend Stücke. Ratzewill will in Bremen sicher keine Zeit vertrödeln. Also wird der Mittelsmann, der den Diamanten hier im Museum abholt, ihn so schnell wie möglich überreichen. Erst heute wurden die Löwinnen in ihren Kisten aus dem Freihafen angeliefert und ausgepackt, es ist folglich die erste Gelegenheit.«

»Befindet sich der echte Diamant noch im Safe?«, erkundigte ich mich flüsternd.

»Der Koh-i-Noor ist bereits auf dem Weg nach England. In ein paar Tagen trifft er in London ein und wird im Tower in Sicherheit gebracht. Es gilt nur noch, die Hintermänner zu fassen. Aber nun still und ab in die Truhe. Und keinen Mucks, Sie sollen nur beobachten, was vor sich geht. Egal, was passiert, bleiben Sie in Ihrem Versteck!«

Ich fügte mich in mein Schicksal und stieg gottergeben in die Truhe. Holmes schloss den Deckel, und ich hörte, wie sich seine Schritte entfernten. Nun war es still und stockfinster um mich herum. Ich versuchte, in der engen Kiste eine bequeme Position zu finden, von der aus ich zugleich durch das Guckloch sehen konnte, was gar nicht so einfach war. Dabei war das Kissen eine große Erleichterung, und ich dankte meinem Freund im Stillen. Meinen Mantel hatte ich ausgezogen und unter mich gelegt. Was nun jedoch meinen besten Anzug betraf, tat es mir leid um ihn, denn er würde am Ende dieser Aktion vollständig zerknittert sein. Mir war Holmes' Anliegen in dieser Hinsicht ein völliges Rätsel, aber er hatte keinen Widerspruch geduldet. So lag ich mit angezogenen Beinen in meinem selbst erwählten Gefängnis, und die Zeit schien stillzustehen. Nichts ereignete sich, außer dass meine Füße begannen einzuschlafen. Leise Musik war von unten zu hören, und ich stellte mir vor, ich würde mich mit Sophie dazu im Kreis drehen. Sie würde ein wunderschönes, weißes Kleid tragen, dazu Blumen im Haar und eine hübsche Halskette, die ich ihr geschenkt hatte. Dann würde sie mir zärtlich ins Ohr flüstern, wie sehr sie mich liebte, und ich würde ihr einen sanften Kuss auf ihren Hals hauchen. Solcherart Fantasien hielten mich aufrecht während der Stunden, die ich wartend verbrachte.

Es mochte gegen halb elf sein, als ein leises Geräusch an meine Ohren drang. Schnell schaute ich durch mein Guckloch, konnte aber nichts erkennen. Dann hörte ich Schritte, Absätze klapperten auf dem Holzboden. Wie gebannt blickte ich auf die drei Löwinnen, als eine Gestalt in einem langen Abendkleid in mein Blickfeld geriet. Sie können sich meine Überraschung vorstellen, geneigter Leser, als ich erkannte, dass es sich um eine Frau handelte. Damit hatte ich nicht gerechnet, Schurken waren für mich immer männlich.

Mit angehaltenem Atem beobachtete ich, wie sich die Unbekannte der Löwin näherte, in der der Diamant versteckt war. Die blonde Frau trug weiße Seidenhandschuhe und griff dem ausgestopften Tier ins Maul. Sie zog, wie zuvor Holmes, das samtene schwarze Päckchen hervor. Sie warf einen kurzen Blick auf den Inhalt, nickte und steckte es unter einen Volant ihres Kleides, vermutlich in eine extra eingenähte Innentasche. Am liebsten wäre ich aus meinem Versteck gesprungen und hätte die Dame in Gewahrsam genommen. Doch ich hielt mich an die Anweisung von Holmes und regte mich nicht. Die Frau verschwand aus meinem Gesichtsfeld, und ich hörte, wie sich ihre Schritte entfernten. Die Tür wurde geöffnet und wieder geschlossen, dann drehte sich ein Schlüssel im Schloss. Eine Weile war es still, dann hörte ich erneut Schritte. Der Deckel meiner Truhe klappte auf, und ich erkannte Holmes' Gesicht.

»Schnell, Hellmann, kommen Sie, wir müssen auf den Ball.«

Ich zwängte meine steifen Glieder aus dem engen Behältnis, streckte mich und betrachtete meinen Anzug.

»Auf den Ball? In diesem Zustand? Meine Kleidung ist jetzt wirklich nicht mehr salonfähig. Mir ist auch gar nicht nach Tanzen zumute.«

»Hellmann, sehen Sie denn nicht das Offensichtliche? Die Dame ist ins Erdgeschoss geeilt und wird den Diamanten auf dem Ball des Künstlervereins übergeben. Herr Ratzewill ist zugegen, er wird ihn übernehmen, wir müssen sie in flagranti erwischen.«

»Wie können Sie so sicher sein, dass der Diamantenschleifer heute auf dem Ball auftaucht?«

»An der Hotelrezeption wurde gestern Abend eine Einladungskarte für ihn hinterlegt. Ich war zufällig dabei, als er sie abgeholt und sich erkundigt hat, wo der Ball stattfindet. Das Netzwerk agiert sehr raffiniert, Hellmann. Der Austausch untereinander läuft äußerst unauffällig ab.«

»Und wie kann er wissen, wer ihm den Diamanten übergibt?«

»Ich gehe davon aus, dass dies im Vorfeld geklärt wurde und er vor seiner Reise nach Bremen eine Instruktion und eine entsprechende Personenbeschreibung erhalten hat. Es war schließlich schon lange klar, dass die Löwinnen im Museum landen würden.«

Das leuchtete mir ein, und wir eilten gemeinsam zur Tür. Hier erfolgte das gleiche Prozedere wie beim Eintritt, dann liefen wir die Treppen hinunter ins Erdgeschoss. Die Tanzveranstaltung war in vollem Gange. Die Flügeltüren waren weit geöffnet, und wir hatten einen guten Blick auf die Tanzfläche.

Elegante Herren im Frack und bezaubernde Damen in bunten Abendkleidern drehten sich zum Klang eines Walzers, der vom Orchester dargeboten wurde.

Ein Kellner kam mit einem Tablett auf uns zu und bot uns zwei Gläser Sekt an.

»Haben Sie einen schottischen Hochlandwhisky?«, fragte Holmes, und ich wunderte mich, woher er die Seelenruhe nahm, jetzt mit einem Kellner zu diskutieren.

»Der Hochlandwhisky ist eingetroffen, und wir haben ein Auge darauf.«

»Prima, meines Wissens ist der Portwein gerade angekommen, wenn Sie bitte danach Ausschau halten können.«

Der Kellner verbeugte sich und sagte: »Ihr Wunsch wird umgehend erledigt, mein Herr. Ich informiere sofort meine Kollegen, dass sie sich umsehen.«

»Aber bitte nur den in der bauchigen, grünen Flasche.«

»Selbstverständlich, der Herr.«

Holmes nickte zufrieden, und der Bedienstete eilte davon. Ich war etwas verwirrt ob dieser rätselhaften Unterhaltung und schaute mich auf der Tanzfläche um. Der Saal war gut gefüllt, die unbekannte Blonde konnte sich überall aufhalten.

»Wie sollen wir die Dame hier bloß finden?« Ratlos blickte ich mich um.

»Haben Sie sich ihr Aussehen gut eingeprägt?«

»Sie hatte blonde Haare und weiße Seidenhandschuhe.«

»Und ein grünes Kleid, abgesetzt mit roten Rüschen. Es handelt sich bei der Person um Dörte Denken, die Sekretärin des Museums. Ich habe sie erkannt. Halten Sie Ausschau nach ihr, und wenn Sie sie sehen, fordern Sie sie zum Tanzen auf.

Versuchen Sie, an ihr dranzubleiben und drängen Sie ihr Ihre Gesellschaft auf. Zunächst gilt es zu verhindern, dass sich der Diamantenschleifer ihr nähert. Ich muss zum Orchester gehen und einen Musikwunsch abgeben.«

»Sie denken in so einem Moment an Ihre bevorzugte Musik?«

»Keinesfalls. Wenn der Donauwalzer erklingt, wissen unsere Leute, dass der Diamant im Saal angekommen ist, und der Austausch jederzeit stattfinden kann.«

»Wir haben Verbündete?«

»Aber sicher, es sind etwa 15 Leute, die mit uns arbeiten. Der Kellner am Eingang, mit dem ich mich unterhalten habe, gehört auch dazu. Ich habe ihm mitgeteilt, dass wir eine Frau in einem grünen Kleid suchen.«

»Sie haben doch nur von Whisky und Portwein geredet?«, wunderte ich mich.

»Codeworte, Hellmann, Codeworte.« Holmes stöhnte. »Mit dem Whisky, auf den er und unsere Leute ein Auge haben, ist Ratzewill gemeint, der schon hier ist und unter Beobachtung steht. Die Flasche Portwein ist unsere Frau im grünen Kleid. Aber jetzt an die Arbeit! Suchen Sie Frau Denken und beschäftigen Sie sie.« Damit verschwand Holmes in Richtung Orchester.

Kapitel 26

Etwas verloren stand ich an der Tanzfläche, schaute dem bunten Treiben zu und versuchte, eine blonde Frau mit einem grünen Kleid zu erspähen. Grün war eindeutig in Mode gekommen. Ich sah hell- und dunkelgrüne, moosgrüne und lindgrüne Kreationen, doch keine hatte rote Rüschen. Mit einem Glas Sekt in der Hand spazierte ich durch die umstehenden Gäste, als die Musik wechselte und der Donauwalzer von Johann Strauß erklang. Das musste Holmes' Werk gewesen sein, nun wussten also alle Eingeweihten im Saal, dass der Diamant hier war. Ich blickte mich um, konnte jedoch kein auffälliges Verhalten entdecken, die Leute machten ihre Arbeit gut und ließen sich nichts anmerken. Da fiel mein Blick auf eine Dame, die neben mir stand, und mir stockte der Atem: Sie war blond, sie hatte ein grünes Kleid an, das Kleid hatte rote Rüschen, sie trug weiße Seidenhandschuhe.

»Tanzen Sie mit mir«, stieß ich hervor.

Die Frau, von der ich wusste, dass sie Dörte Denken hieß, sah mich amüsiert an.

»Ist das Temperament oder Unbeholfenheit?«

»Verzeihung! Wo sind meine Manieren?« Ich hatte mich schnell wieder im Griff. »Würden Sie mir die Ehre erweisen, den nächsten Tanz mit mir zu wagen? Wenn ich mich vorstellen darf, Johannes Hellmann, von Beruf Apotheker und Bremer durch und durch.« Ich verbeugte mich höflich. Die Dame schmunzelte und musterte mich, insbesondere meinen Anzug.

»Heben Sie Ihre Kleidung in der Schublade auf?«

Ich hatte Mühe, eine gewisse Ungehaltenheit ob der überheblichen Art dieser kriminellen Person im Zaum zu halten, und lächelte sie an.

»Hätte ich geahnt, dass ich heute einer so bezaubernden Dame begegne, hätte ich meinen besten Frack angezogen.« Ich reichte ihr meine Hand, nachdem ich mein Glas schnell bei einem vorbeieilenden Kellner abgegeben hatte, und zu meiner Verwunderung ergriff sie diese.

»Nun gut, dieser Walzer ist zu Ihrem Glück mein Lieblingswalzer.« Sie wandte sich mir zu, und wir schwebten gemeinsam auf die Tanzfläche.

Sie konnte überraschend gut tanzen, musste ich widerwillig feststellen. Ich dachte an meinen Auftrag, sie zu beschäftigen und bemühte mich, sie mit meinen Tanzkünsten zu fesseln. Ich nahm sie besitzergreifend in den Arm und wirbelte sie im Dreivierteltakt herum, dass es nur so eine Freude war, lediglich die Gummisohlen meiner Schuhe bremsten meinen Schwung. Sie schaute mich groß an, blieb jedoch stumm, ich schien sie tatsächlich zu beeindrucken.

»Johannes, altes Haus, was machst du hier?«, drang plötzlich eine bekannte Stimme an mein Ohr.

Mein Freund Stephan tanzte mit seiner Frau Grietje unmittelbar neben uns. Ich fühlte mich ertappt und wurde über und über rot. Was musste Stephan nur von mir denken, wenn ich ihm ständig mein Leid wegen Sophie klagte und nun derart ausgelassen mit einer anderen Frau tanzte.

»Oh, Stephan, welche Freude. Tja, das war nicht geplant, aber mein Freund Meier, du weißt schon, wen ich meine, hat mich hierhergeschleppt. Und nun habe ich so eine talentierte Tanzpartnerin gefunden. Wenn ich vorstellen darf, ach, ich weiß noch nicht einmal Ihren Namen, werte Dame.«

»Harms, Trine Harms«, log diese durchtriebene Person ungeniert.

»Lasst uns zusammen anstoßen«, schlug Stephan vor, »wir sehen uns so selten, und meine Frau würde sich auch freuen, nicht wahr, mein Schatz?«

»Gewiss, ich höre immer nur die spannendsten Geschichten von Ihnen.«

Ich gab vor zu stolpern und trat Stephan auf den Fuß. In dem Durcheinander, das entstand, raunte ich ihm zu: »Kein Wort davon, auch deine Frau nicht!«

Stephan verstand mich wie immer ohne viele Worte. Er erkannte sofort, in welcher Situation ich mich befand und zog augenblicklich seine Frau zur Seite.

»Wir reservieren uns dort hinten einen Tisch, kommt doch bitte gleich nach!« Damit strebten beide in die angegebene Richtung, und ich sah, wie Stephan eindringlich auf seine Frau einredete. Ich konnte mich auf ihn verlassen, er und seine Frau würden das Thema Sherlock Holmes nicht ansprechen.

Der Donauwalzer näherte sich dem Ende, und ich tanzte mit meiner Partnerin zu dem Tisch, auf den Stephan gedeutet hatte.

»Erweisen Sie mir die Ehre, mich zu begleiten«, bat ich sie und setzte meinen ganzen Charme ein. »Sie werden es nicht bereuen, Teuerste!« Ich spürte, wie sie zögerte, und es begann mir Spaß zu machen, diese verlogene Dame zu umgarnen und von ihrem Plan, den Diamanten zu übergeben, abzuhalten. Auf einmal war für mich ihr Flair einer geheimnisvollen, schönen Dame, die in gefährliche Abenteuer rund um den wertvollsten Diamanten der Welt verstrickt war, verflogen, und ich sah in ihr nur noch eine einfältige, ordinäre Sekretärin, die sich in ruchlose Geschäfte hatte verwickeln lassen.

»Ich bitte Sie«, fuhr ich fort. »Sie machen mich zum unglücklichsten Menschen hier im Saal, wenn Sie mir diesen Wunsch abschlagen.«

Dörte Denken alias Trine Harms lachte geschmeichelt auf und gab nach. »Nun gut, auf ein Viertelstündchen.« Wir setzten uns zu Stephan und seiner Frau, als der Kellner, der Holmes und mich am Eingang begrüßt hatte, sich unserem Tisch näherte.

»Was darf ich den Herrschaften bringen?«, fragte er und blickte dabei ausschließlich mich an. »Vielleicht den guten Portwein? Meine Kollegen haben ihn jetzt vorrätig.«

Das war das Codewort. Wenn ich die Botschaft des Kellners richtig deutete, wussten nun alle getarnten Verbündeten, wo sich die Dame mit dem grünen Kleid aufhielt. Der Diamantenschleifer befand sich ebenfalls unter Beobachtung, das Netz zog sich zusammen. Ich bestellte Portwein für uns alle, und als der Ober ihn brachte, bemerkte er kurz: »Nun steht Ihrem fröhlichen Austausch nichts mehr im Wege.« Ich verstand sofort: Ich konnte meine Dame aus der Unterhaltung entlassen, damit sie den Diamanten übergeben konnte.

So saßen wir zu viert am Tisch und unterhielten uns über belanglose Dinge. Ich bemerkte, dass Frau Denken sich unruhig im Saal umblickte. Sie suchte eindeutig den Diamantenschleifer. Der Portwein war ausgezeichnet, und ich freute mich über die angenehme Gesellschaft von Stephan und Grietje. So mochten rund zwanzig Minuten vergangen sein, dann hatte meine Tanzpartnerin ihre Zielperson entdeckt. Sie blickte beständig in eine Richtung und erhob sich schließlich.

»Vielen Dank für die nette Unterhaltung, aber ich muss nun wirklich los«, sagte sie und blickte mich ein wenig bedauernd an. »Vielleicht sehen wir uns später wieder.« Damit verschwand sie in Richtung Orchester.

»Die hast du aber mächtig beeindruckt«, kommentierte Stephan, als wir zu dritt waren. »Pass auf, dass du deine Sophie nicht vergisst.«

Ich antwortete nicht, denn ich hatte mich erhoben, um Frau Denken nachzublicken. Da sah ich Holmes, der ganz in der Nähe stand. Er gab mir ein Zeichen und nickte mir zu.

»Das haben Sie ganz hervorragend gemacht, Hellmann«, sagte Holmes, als ich meine Freunde überstürzt verlassen und mich ihm angeschlossen hatte. »Geben Sie Acht, gleich geht es los! Sehen Sie den Herrn dort mit der silbernen Weste, der sich gerade auf das rote Sofa beim Orchester setzt?«

Nach einigem Suchen erspähte ich den Mann.

»Das ist Herr Ratzewill, und da kommt auch schon unsere Dame in Grün.«

»Wir müssen etwas unternehmen, Holmes«, sprach ich eindringlich und wunderte mich über seine Gelassenheit, »sonst sind die beiden weg.«

»Nur die Ruhe, sie sind von allen Seiten eingekreist und können uns nicht entkommen.«

Gespannt beobachtete ich, was sich nun beim roten Sofa abspielte. Frau Denken alias Harms setzte sich neben Herrn Ratzewill auf das Sofa und sagte etwas zu ihm. Ratzewill nickte und legte ihr eine Hand auf die Schulter. Dann glaubte ich zu erkennen, dass sie etwas unter einem Volant ihres Kleides hervorholte und ihm in die Hand drückte. Plötzlich ging alles ganz schnell: Vor dem Orchester klirrte eine Flasche zu Boden, es entstand ein Tumult, und alle Blicke richteten sich auf die Unruhestifter. Währenddessen umringten fünf Männer das Sofa, zerrten Frau Denken und Ratzewill von ihren bequemen Sitzen, hakten sie unter und führten sie aus dem Saal. Dies geschah nahezu unbemerkt, obwohl die beiden etwas Widerstand leisteten. Doch gegen die starken Männer hatten sie keine Chance.

»Genießen Sie noch den Abend«, sagte Holmes zu mir, als die Wogen sich wieder geglättet hatten. »Die Aktion war ein voller Erfolg. Ich muss mit aufs Kommissariat, aber keine Sorge, ich berichte Ihnen später alle Details.«

Einerseits war ich neugierig, wie sich die beiden versuchen würden herauszureden. Andererseits legte ich wenig Wert darauf, die Dame in Grün wiederzusehen, und da waren schließlich noch Stephan und Grietje. Zufrieden kehrte ich zurück an ihren Tisch. Die beiden wollten natürlich alles genauestens erfahren, und ich erzählte bereitwillig, was passiert war. Allerdings verschwieg ich, um welchen Edelstein es sich handelte, denn dies sollte schließlich geheim bleiben. So amüsierten wir uns bei Gespräch, Tanz und einem guten Tropfen bis in den Morgen hinein.

Kapitel 27

Die folgenden Tage schaute ich sorgfältig in allen Zeitungen nach, die mir in die Finger kamen, doch nirgends konnte ich auch nur ein Wort über den Juwelendiebstahl und die Verhaftungen beim Ball des Künstlervereins entdecken. Stattdessen fand ich Überschriften wie: »Skandal beim Ball: Sektdusche für Frau Konsul« oder »Feiger Anschlag auf Frau Konsul Smidt« und »Tollpatschiger Kellner ruiniert Abendkleid«. Meine Arbeit in der Apotheke, die mich stark in Anspruch nahm, sowie ein familiärer Zwischenfall hinderten mich daran, zu Holmes zu gehen und ihn nach dem Ausgang der Festnahmen zu befragen.

In unserem Hause hatte sich etwas ereignet, das unser harmonisches Familienleben in einem Maße beeinträchtigte, wie es zuvor nur der Tod unserer geliebten Mutter vermocht hatte. Im Grunde ist es eine familiäre Angelegenheit und geht niemanden etwas an. Aber ich möchte Sie, verehrter Leser, zumindest über das Ergebnis informieren, denn das ist entscheidend für den weiteren Verlauf dieser Geschichte und meine ganz persönliche Zukunft.

Es war also so, dass meinem Vater die Liaison meines Bruders Hinnerk mit der Opernsängerin zu Ohren gekommen war und er eines Abends einen Familienrat zusammenrief. Familienrat hört sich sehr imposant an, letztlich waren wir zu dritt: mein Vater, mein Bruder und ich.

Die Stimmung war bedrohlich, mein Vater war schon den ganzen Tag mit umwölkter Stirn herumgelaufen, und ich ahnte, dass sich etwas zusammenbraute. Hinnerk dagegen war unbekümmert und guter Dinge, er war blind, wie es Verliebte nun mal sind. Das änderte sich sehr schnell, als das Donnerwetter unseres Familienoberhaupts über ihn hereinbrach. Die Diskussion dauerte über zwei Stunden an, die Argumente gingen hin und her, mein Bruder verteidigte seine Sängerin, Vater malte die düstersten Schreckensbilder aus, wenn diese Liebschaft nicht sofort ein Ende hätte. Ich hielt mich zurück und ergriff nur gelegentlich Partei für meinen Bruder. Bei einer meiner Äußerungen maßregelte mein Vater mich.

»Du sei bloß ruhig, du bist auch kein Vorbild. Dein Techtelmechtel mit der Nachbarin ist mir durchaus nicht entgangen.«

Von da an war ich mit von der Partie der Streitenden. Ich fühlte mich ertappt wie ein dummer Schuljunge und begann Sophie zu verteidigen, stieß bei meinem Vater aber auf Granit. Ich erspare Ihnen die Details, geneigter Leser, und präsentiere Ihnen das Ergebnis: Hinnerk wurde angewiesen, das Techtelmechtel mit der Opernsängerin umgehend zu beenden, ansonsten könne er seine Nachfolge als Firmeninhaber vergessen. Mir wurde beschieden, mich endlich nach einer angemessenen Gattin umzusehen, ich hätte schon genug Zeit verplempert. Ich wäre bald 26 Jahre alt, da sei es höchste Zeit, einen eigenen Hausstand zu gründen.

Sie können sich denken, dass nach diesem Streitgespräch die Stimmung in unserem Hause auf dem Tiefpunkt angelangt war. Hinnerk schlich wie ein Häufchen Elend umher, ich haderte mit meinem Schicksal und überlegte mitunter gar, nach Hamburg zu gehen und mir mit Sophie eine eigene, unabhängige Existenz aufzubauen. Apotheken gab es überall, und wie viele Menschen wanderten in diesen Jahren sogar nach Amerika aus, dagegen war Hamburg eine Kaffeefahrt. Doch vielleicht würde Sophie nach Bremen zurückkehren, nun, da ihr Großvater gestorben war? Aber unter den strengen Augen meines Vaters könnten wir dann nicht einmal unsere heimlichen Treffen fortführen. Wie Sie sehen: Es war eine verfahrene Situation.

So saß ich wieder einmal in unserem Wintergarten, blickte bei einem Glas Wein schwermütig in die Dunkelheit, als ich bei Holmes Licht sah. »Genug Trübsinn geblasen«, schalt ich mich selbst und sprach zu meinem Terrier: »Komm, Hektor, wir statten Holmes einen Besuch ab.« Dieser ließ sich nicht zweimal bitten und stürmte voraus zur Tür.

Wir trafen Holmes in einem aufgeräumten Zustand an, wobei sich dies auf seine geistige Verfassung bezieht, in seiner Wohnung herrschte nach wie vor ein unbeschreibliches Chaos.

»Hellmann, wie schön, Sie zu sehen. Haben sich die Wogen in Ihrem Haus geglättet?«

»Wie, Sie wissen von unserem Streit?«

»Er war nicht zu überhören. Ihr Bruder geht seitdem nicht mehr in den Ratskeller, und Sie sitzen wieder jeden Abend im Wintergarten vor einem Glas Wein. Aber nur Mut, Ihr Vater ist nicht so streng, wie es scheint. Ich habe im Kaffeehaus der Bremer Handelskammer ein Gespräch zwischen ihm und Ihrem Onkel belauscht. Ihr Onkel hat ihm ob seiner Unnachgiebigkeit sehr zugesetzt und eine Lanze für Sie und Ihren Bruder gebrochen.

»Wilhelm, du hast zwei prächtige Jungs«, hat er zu Ihrem

Vater gesagt. »Sei nachsichtig mit ihnen, wir waren schließlich auch mal jung.«

Dies wird Wirkung zeigen, glauben Sie mir. Auch wenn Ihr Bruder wohl Abschied von seiner Sängerin nehmen muss, soweit ich gehört habe, führt sie ihr nächstes Engagement nach Wien. Aber er wird es verwinden, er ist noch jung. Dagegen bestehen für Sie und Sophie durchaus noch Chancen.«

Die Worte meines Freundes taten mir gut. Es war also noch nicht alles verloren. »Wohnen Sie nach wie vor im Hotel ›Stadt Frankfurt‹?«, erkundigte ich mich.

»Ich habe das Zimmer vorerst behalten. Da meine Wirtin zur Beerdigung nach Hamburg gefahren ist, bin ich dort besser versorgt. Aber setzen Sie sich bitte, Sie sind sicher interessiert am Ausgang des Diebstahls der Kronjuwelen.«

Erfreut nahm ich in einem der bequemen Sessel vor dem Kamin Platz, und Holmes goss uns ein Glas Rotwein ein. Er überreichte es mir mit den Worten: »Ich möchte mit Ihnen anstoßen, es gibt allen Grund zur Freude, meine Ermittlungen sind abgeschlossen.«

Ich zuckte leicht zusammen ob dieser Ankündigung. Sollte es nun so weit sein, dass Holmes Bremen verließ und ich erneut einen Menschen verlieren sollte, den ich in mein Herz geschlossen hatte?

»Keine Angst, ich bleibe vorerst in der Stadt. Wir müssen schließlich noch unseren Mord im Schnoor aufklären, oder?«

Ein warmes Gefühl durchströmte mich, Holmes hatte uns wie selbstverständlich als ein Team betrachtet. Und irgendwie war es mir inzwischen tatsächlich ein Anliegen, den wahren Schuldigen am Tod von Friedhelm Beck zu finden.

»Cheers, mein Bester, Sie waren mir eine große Hilfe, dafür gebührt Ihnen mein Dank!«

Wir ließen unsere Gläser erklingen, und ich bemerkte bereits beim ersten Schluck, dass Holmes einen sehr edlen Tropfen ausgewählt hatte.

»Nun zum Koh-i-Noor«, fuhr der Detektiv fort. »Ich hoffe, Sie haben Ihrem Freund Stephan und seiner Frau nicht zu viel erzählt. Der Diebstahl der Kronjuwelen soll geheim bleiben, sonst ist die Krone und damit das ganze Empire blamiert.«

»Gewiss nicht«, betonte ich, »sie wissen nur von einem Diebstahl eines wertvollen Diamanten, dass es sich um Kronjuwelen handelt, habe ich mit keinem Wort erwähnt.«

»Auch Ihrer geliebten Sophie dürfen Sie kein Sterbenswörtchen davon erzählen oder schreiben.«

»Ich werde alles für mich behalten«, versicherte ich. Dies würde mir nicht schwerfallen, denn ich war nicht darauf erpicht, Sophie vom Ball im Künstlerverein und von der Dame in Grün zu berichten. Sie könnte es falsch verstehen und verärgert sein. »Aber warum ist so rein gar nichts darüber in den Zeitungen zu finden? Ich habe in den letzten Tagen vergeblich danach gesucht.«

»Wie Sie beim Ball im Künstlerverein gesehen haben, haben wir die Verhaftung von Ratzewill und Denken so unauffällig wie möglich vorgenommen.«

»Unauffällig? Und der Tumult wegen der zerbrochenen Flasche vor dem Orchester?«

»War ein gelungenes Ablenkungsmanöver. Alle Aufmerksamkeit richtete sich auf den Kellner, der einer Dame zuerst Sekt übers Kleid schüttete und anschließend die ganze Flasche fallen ließ. Der Kellner war natürlich einer von unseren Leuten, so konnten wir das Gaunerpärchen in Ruhe und unbemerkt direkt bei der Übergabe des Diamanten festnehmen. Das Kommissariat, mit dem ich zusammengearbeitet habe, hat allen Redaktionen verboten, über die Festnahme zu berichten. Wobei mir dies im Nachhinein fast unnötig erscheint, alle anwesenden Journalisten haben sich auf den verschütteten Sekt und das befleckte Kleid von Frau Konsul Smidt gestürzt.« Holmes schmunzelte. »Es war mir gelungen, die Frau Konsul zu diesem schauspielerischen Akt zu überreden. Natürlich hielt sich der Schaden für sie in Grenzen. Das Kleid war so präpariert, dass sie eine Stoffbahn abnehmen konnte, und alles wieder trocken war. Sie hat mir versichert, dass es ihr einen Heidenspaß gemacht hat, dabei zu sein. Ich muss zugeben, die Dame hat Humor. Vielleicht kommt es daher, dass sie in New York geboren ist und einige Jahre in Kalkutta gelebt hat, da verliert sich das steife Hanseatentum. Doch zurück zu unserem Bericht. Unsere Leute waren im ganzen Saal verteilt und haben Ratzewill und später auch Frau Denken alias Harms die ganze Zeit beobachtet.«

»Aber wie konnten sie wissen, wie die beiden aussehen?«

»Herr Ratzewill hat im Hotel ›Stadt Frankfurt‹ gewohnt, und dort haben sich alle unsere Leute vorher mit seinem Aussehen vertraut gemacht. Sei es als temporäre Kofferträger, Kellner, Gäste oder Zimmermädchen. Bei Frau Denken war es schon schwieriger, ich wusste nicht, wer den Diamanten aus der Löwin herausholen würde. Ich habe mich regelmäßig im Museum herumgetrieben unter dem Vorwand, ein Vogelkundler aus Australien zu sein. So wusste ich, wann die Löwinnen in der Ausstellung ankommen, und habe alle Mitarbeiter im Museum kennengelernt. Es hätte aber auch jemand sein können, der nicht im Museum arbeitet. Als wir uns in der Ausstellung versteckt haben, hatte ich keine Ahnung, was uns erwartet. Wäre es ein Unbekannter gewesen, vielleicht sogar maskiert, wäre es schwierig geworden, ihn im Getümmel der Tanzenden wiederzufinden. Frau Denken, der Sekretärin des Museums, war ich schon begegnet, und ich habe sie sofort erkannt. Für sie war es natürlich ein Leichtes, in den Ausstellungsraum zu gelangen, sie verfügt über alle Schlüssel. Sie haben sie dann ja glücklich gefunden und mit ihr getanzt, darüber habe ich unsere Mitarbeiter sofort informiert.«

»Wie haben diese die Dame erkannt? Es gab viele Frauen in einem grünen Kleid.«

»Sie hatten nicht nur die grüne Dame, sondern auch Sie im Visier.«

»Mich?«

»Sicher. Ist Ihnen nicht aufgefallen, wie viele Kunden in Ihrer Apotheke in letzter Zeit nach einfachen Hausmittelchen gefragt haben?«

»Schon, die Nachfrage nach Natron und Kamille war ungewöhnlich hoch.«

»Sehen Sie, das waren unsere Spitzel, die sich einprägen wollten, wie Sie aussehen.«

Ich war perplex, da wurde ich ausspioniert und hatte es nicht einmal gemerkt.

»Beruhigen Sie sich, es war nur für einen guten Zweck. Jedenfalls sind Sie jetzt im Kommissariat wohlbekannt. Das Netz um unsere beiden Vögel im Ballsaal war gezogen, es galt nur noch unauffällig zuzuschlagen, und dies haben Sie ja beobachten können.«

»Tja, die beiden hatten wirklich keine Chance zu entkommen. Doch was ist mit den Hintermännern? Sie sprachen davon, dass es eine große, international agierende Bande ist, die den Koh-i-Noor gestohlen hat.«

»Das, was wir lange vermutet haben, Hellmann, konnten wir nun beweisen: Der Diamant ist von London aus nach Amsterdam, dann nach Afrika gelangt und von dort nach Deutschland. Wir haben die Spur des Koh-i-Noor gewissermaßen rückwärts verfolgt, und die beteiligten Verbrecher sind einer nach dem anderen wie die aufgestellten Steine eines Domino-Spiels umgefallen. Angefangen bei Herrn Ratzewill, der zugegeben hat, dass er den Auftrag hatte, dem Stein einen neuen Schliff zu verpassen. Frau Denken hatte von Whisky-John von der Lüderitzbucht in Afrika die Anweisung, den Stein aus der Löwin zu entnehmen und weiterzureichen. Sie hatte keine Ahnung vom Wert des Diamanten und hielt ihn für einen einfachen Kristall. Sie wird sicher Milde erfahren, wenn sie den Richter davon überzeugen kann. Whisky-John wiederum hat auf Bitten des Präparators der Bremer Anthropologischen Kommission gehandelt, natürlich gegen eine ordentliche Summe Geld. Der Präparator hat den Koh-i-Noor auf Geheiß von drei afrikanischen Mitgliedern der Bande in der Löwin versteckt, allerdings unter Todesangst, denn die drei Schurken haben ihn mit Gewehren bedroht und zu ewigem Schweigen verpflichtet, andernfalls wäre sein Leben keinen Schilling mehr wert. Die drei Afrikaner sind irgendwo untergetaucht, wir haben ihre Spur leider verloren. Doch wir wissen, dass sie ihre Befehle aus Südafrika erhielten, von einem Holländer namens van Houten, er hatte sich in Kapstadt beim Umladen der Löwenkisten von einem Schiff auf das andere in äußerst auffälliger Form um sie gekümmert. Vielleicht erinnern Sie sich daran, dass die Waren von der Lüderitzbucht in Deutsch-Südwestafrika zunächst mit einer Brigg nach Kapstadt verschifft, dort umgeladen und dann mit einem Dampfer nach Europa gebracht werden. Von van Houten in Kapstadt führte die Spur nach Amsterdam zu einem Mitarbeiter einer berühmten Diamantenschleiferei, der Royal Diamonds in der Paulus Potterstraat. Das Skurrile ist, dass Queen Victoria den Koh-i-Noor vor 26 Jahren in genau dieser Werkstatt schleifen ließ. Und hier schließt sich der Kreis, dieser Mitarbeiter ist ein guter Bekannter von Ratzewill, sie haben ihr Handwerk gemeinsam in Amsterdam erlernt und sind seitdem in ständigem Kontakt.«

»Donnerwetter«, entfuhr es mir, »das nenne ich mal eine Spur verfolgen. Das alles muss unglaublich aufwendig gewesen sein.«

»Das war es, in der Tat. Wie Sie gesehen haben, waren schon hier in Bremen sehr viele Personen an der Ermittlung beteiligt. Unzählige weitere waren an den anderen Orten im Einsatz, und es hat natürlich viel Geld gekostet.«

»Wie ist der Koh-i-Noor aber von London nach Amsterdam gelangt?«

»Ganz klassisch mit dem Schiff, wir haben alle Mitglieder der Bande in London fassen können. Unsere Polizei in London war natürlich nicht untätig, und der Diamantenschleifer in Amsterdam war sehr gesprächig, er wollte wohl seinen Kopf retten. Von ihm wollte man den Stein zuerst schleifen lassen, das war der Bande dann doch zu heiß, und sie hat den Umweg über Afrika gewählt.«

An diesem Abend saß ich bis in die Nacht hinein mit Holmes zusammen, und ich konnte gar nicht genug Details von der mühsamen Ermittlungsarbeit meines Freundes erfahren. Wobei diese nur mir mühsam erschien. Holmes dagegen war in seinem Element, und es war deutlich zu spüren, dass das, was anderen wie ein Kampf gegen Windmühlen vorkam, für ihn das Lebenselixier bedeutete. »Je komplizierter desto besser« war sein Credo, dann lief er zur Höchstform auf. Als ich mich verabschiedete, gab er mir einen weiteren Brief von Sophie mit, der mich angesichts des großen Familienstreits mit Wehmut erfüllte. Als ich zu Hause in meinem Schlafzimmer war, setzte ich mich auf mein Bett und las.

»Mein herzallerliebster Johannes!
Vielen Dank für Deinen ausführlichen Brief. Es ist jedes Mal ein Lichtblick in meinem Leben, über dem im Moment dunkle Wolken hängen.

Vermutlich hast Du bereits von den Veränderungen gehört, die meine Familie betreffen. Großvater ist verstorben, und meine Mutter ist, obwohl er ihr oft zugesetzt hat, sehr betrübt. Meine Trauer hält sich in Grenzen, allzu herrisch hat er sich in letzter Zeit aufgeführt. Meine Tante Grete ist zur Beerdigung gekommen, die wir gestern hinter uns gebracht haben. Um sie mache ich mir auch Sorgen, bei ihr wurde ein großes Geschwür entdeckt, das schnell wächst. Ich hoffe, es ist nichts Gefährliches. Es waren erstaunlich viele Freunde und Bekannte meines Großvaters bei seiner Beerdigung. Davon war ich ganz überrascht.

Früher muss er ein beliebter und geachteter Mann gewesen sein, bis seine Krankheit ihn zu einem einsamen und verbitterten Leben verurteilte. Wobei er so einsam nun auch nicht war, er hatte ja uns.

Ich staune immer mehr, was Du so alles von Deinen Abenteuern mit Sherlock Holmes schreibst. Nachher kommst Du noch auf den Geschmack und gehst mit ihm nach London, um als sein Assistent zu arbeiten. Aber nein, ich kenne Dich und weiß, dass Dir Deine Heimatstadt am Herzen liegt und Du sie nie verlassen würdest.

Es ist ja ganz unglaublich, was Dir alles widerfahren ist seit Deinem ersten Brief. Dass der Herr Bruns in Sklavenhandel verwickelt ist, was für ein Skandal! Ich bin ja nicht so in Deinen Kreisen unterwegs und kenne ihn nicht, aber ich kann mir vorstellen, was für Wellen es in Bremen geschlagen hat. Und dass Du seine Verhaftung im Ratskeller mit Deinem Freund Stephan miterlebt hast – was für ein unglaublicher Zufall. Was Du von dem religiösen Binnenschiffer schreibst, ist nicht minder kurios. Ach, ich wollte, Du könntest mir jede Kleinigkeit Deiner Erlebnisse persönlich berichten. Dass Du mir auch ja mein Medaillon mit Dir trägst, damit Dich kein Unglück ereilt.

Ich vermisse Dich immer noch jede Stunde des Tages, und Deine Fotografie ist mir ein großer Trost. Meine Zukunft steht seit Großvaters Tod in den Sternen. Mutter meint, dass wir die teure Wohnung in Hamburg nicht behalten, und Tante Grete schlägt vor, dass wir wieder zu ihr ziehen. Das wäre natürlich einerseits schön, dann besteht die Hoffnung, dass wir uns wiedersehen, was ganz wunderbar wäre.

Andererseits muss ich wohl definitiv meine Ausbildung in der

Präparandenanstalt aufgeben. Mutter kann sie sich nicht leisten. Damit ist mein Traum vom Beruf als Lehrerin erst einmal geplatzt. Was soll jetzt aus mir werden? Muss ich nun irgendeinen Mann heiraten, damit ich versorgt bin? An eine Heirat mit Dir zu denken, darf ich gar nicht wagen. Was für ein grausames Schicksal, meine Zukunft steht nun düster und drohend vor mir. Ich sehe mich schon als Mutter von sechs Kindern in einem viel zu kleinen Haus mit einem hässlichen und gefühllosen Mann an meiner Seite. Nein, es ist zu grauenhaft, mir das vorzustellen.

Ich möchte Dir aber nicht so viel Melancholisches schreiben, Du sollst mich als die fröhliche Sophie in Deinen Gedanken tragen, die ich bei unseren Treffen immer war. Und noch ist nicht aller Tage Abend.

In ewiger Liebe und Treue, tausend Küsse und möge das Schicksal uns hold sein,

Deine Dich liebende Sophie«

Kapitel 28

Der Brief von Sophie hatte mich zugleich erfreut und traurig gemacht. Was wäre, wenn Sophie und ihre Mutter wieder, wie von Tante Grete vorgeschlagen, nach Bremen in die Schönhausenstraße ziehen würden? Diese Möglichkeit war nun in greifbare Nähe gerückt. Zwar hatte Holmes versprochen, den Mord im Schnoor noch aufzuklären, aber er würde nicht ewig in Bremen bleiben, sondern irgendwann nach London zurückkehren, dann wäre die Wohnung wieder frei.

Zudem näherte sich Weihnachten, es war nicht einmal eine Woche bis dahin, und unser Familienleben stand nach wie vor unter keinem guten Stern. Es würde ein freudloses Fest in unserem Hause werden. Ich tätigte meine Einkäufe, suchte ohne Lust Geschenke aus und besprach mit Antje das Weihnachtsmenü. Auf dem Marktplatz hatte ein kleiner Weihnachtsmarkt eröffnet, und am Eingang des Ratskellers standen wie immer die Damen vom Witwenhaus und verkauften Rosinenmännchen. In den Buden unter den Rathausarkaden besorgte ich Pfefferkuchen und Walnüsse, Honigkuchen und Makronen. Einen Tannenbaum hatte ich schon beim Händler am Dom erstanden, er wartete nun in unserem Garten darauf, festlich geschmückt zu werden. Zum Glück würden mein Onkel mit seiner Frau, die ledige Schwester meiner Mutter und ein Geschäftspartner meines Vaters samt Gattin und Tochter den Weihnachtstag mit uns verbringen. Wobei ich den Verdacht hatte, dass Vater diesen nur wegen dessen Tochter eingeladen hatte und die Hoffnung hegte, ich möge an ihr Gefallen finden.

Die Wirtin von Holmes, Grete Schütte, war immer noch nicht von der Beerdigung aus Hamburg zurückgekehrt, trotzdem hatte mein Freund sein Zimmer im Hotel »Stadt Frankfurt« aufgegeben. In seiner Wohnung brannte wieder regelmäßig Licht, und ich konnte seine hagere Gestalt umherwandern oder in Gedanken versunken im Lehnstuhl sitzen und eine Pfeife rauchen sehen.

Vergnügen bereiteten mir in diesen Tagen nur die Spaziergänge mit Hektor. Es war kalt geworden, und es lag Schnee in der Stadt, was meinem Terrier ausnehmend gut gefiel. Er konnte nicht genug bekommen von der weißen Pracht und tollte umher, bis er selbst ganz mit Schnee bedeckt war. Stundenlang wanderten wir durch den Bürgerpark, suchten die Plätze auf, an denen ich mit Sophie gesessen hatte, oder kehrten im Kaffeehaus am Emmasee ein.

So schlenderte ich gerade mit Hektor die Humboldtstraße entlang, als uns Holmes entgegenkam. Er war immer noch in seinen pelzgefütterten Ulster gekleidet, doch den rötlichen Ziegenbart von Mister Fielding hatte er abgelegt. Wie nicht anders zu erwarten, rannte mein Hund auf ihn zu in der Erwartung, wieder eine Leckerei zu bekommen, und zu meiner Überraschung wurde er nicht enttäuscht.

»Tragen Sie ständig Hundefutter mit sich herum?«, fragte ich anstelle einer Begrüßung verdrießlich. »Sie werden mir meinen Terrier noch abspenstig machen.«

»Sicher nicht«, beschied mir mein Nachbar. »Um eine Spur zu verfolgen, ist mir so eine Spürnase zwar höchst willkommen, aber ansonsten benötigt sie viel zu viel Aufmerksamkeit, und die brauche ich für meine Ermittlungen.«

Ich nahm Hektor an die Leine, damit klar war, wer sein Herrchen ist, und erkundigte mich nach dem Fortschritt seiner Untersuchungen.

»Es gibt gute Neuigkeiten, Hellmann, ich komme gerade von Gustav Kirchner aus dem Krankenhaus. Er ist aus dem Koma aufgewacht und kann sich an seinen Unfall erinnern.«

»Tatsächlich? Was hat er erzählt, wer hat ihn überfallen? War es Sven?«

Holmes hob abwehrend seine Hände. »Mein lieber Freund, nicht so voreilig. Das Naheliegende ist nicht immer die Wahrheit. Nein, es war keineswegs Sven, der ihn in die Weser befördert hat. Es war, wie ich vermutet habe, ein simpler Unfall. Kirchner ist, als er auf den vereisten Planken sein Schiff betreten wollte, ausgerutscht und ins Wasser gestürzt. Das Letzte, an das er sich entsinnen kann, ist, dass er dabei mit dem Kopf gegen den Schiffsrumpf schlug. Er ist sich absolut sicher, dass niemand in der Nähe war und ihn keiner gestoßen hat. Das laute Geräusch, das seinen Vater alarmiert hat, war tatsächlich der Schlag des Kopfes gegen das Schiff. Da hat Gustav Glück im Unglück gehabt. Wäre er direkt ins Wasser gefallen, hätte sein Vater ihn vermutlich nicht gehört und ihn nicht retten können.«

»Ist Herr Kirchner denn wieder klar bei Verstand?«

»Unbedingt, er hat sich erstaunlich gut erholt und zetert herum.«

»Wie? Er betet nicht und dankt Gott für seine schnelle Genesung?«

»Er beschwert sich lautstark, warum er in dieses Krankenhaus und nicht in das katholische St. Joseph-Stift gebracht wurde, er sei schließlich katholisch und verlange unverzüglich seine Verlegung in eine passende Klinik.«

»Oje, die armen Schwestern, sie werden ihre liebe Not mit ihm haben! Ist denn Sven schon aus dem Gefängnis entlassen worden?«

»Nein, wen Meier hat, den lässt er so schnell nicht wieder los. Es scheint ihm Vergnügen zu machen, Verdächtige sicher hinter Schloss und Riegel zu sehen, je mehr desto besser. Oder er ist mal wieder zu krank, um sich darum zu kümmern. Aber das muss warten. Ich werde morgen für einige Zeit nach London in die Baker Street zurückkehren. Ich muss mit meinem Bruder Mycroft so manches wegen des Koh-i-Noor besprechen, und ich möchte meinen guten, alten Freund Doktor Watson Weihnachten nicht allein lassen. Ich mache mir nicht viel aus dem Fest, aber Watson wäre sehr verärgert, wenn ich nicht komme. Er ist zwar verheiratet und lebt nicht mehr in der Baker Street, doch er hat mich eingeladen, zusammen mit seiner Frau das Weihnachtsfest zu verbringen, und ich möchte ihn nicht enttäuschen.«

»Dann geben Sie Ihre Wohnung bei Frau Schütte auf?«

»Keineswegs. Kommissar Meier zählt auf mich, und ich werde den Fall lösen. Im neuen Jahr bin ich wieder in Bremen, und wir klären den Mord im Schnoor und die Raubüberfälle auf, versprochen. Sind Sie dabei?«

»Selbstredend.« Ich atmete erleichtert auf. »Es ist mir ein Vergnügen.«

Eine ruhige Zeit brach für mich an. Im Haus gegenüber war es still geworden. Das bösartige Geschwür von Frau Schütte war während ihrer Reise nach Hamburg weiter gewachsen, und sie lag in Hamburg im Krankenhaus, wie ich von Holmes erfahren hatte. In unserem Haus war Antje mit ihren Weihnachtsvorbereitungen vollauf beschäftigt, Vater und Hinnerk gingen ihren Geschäften nach, die so kurz vor dem Fest vor allem in geselligen Runden mit den Kunden bestanden. Mein Bruder hatte inzwischen erfahren, dass seine Angebetete bald nach Wien gehen würde, und war zu meinem Erstaunen rasch über den größten Schmerz hinweggekommen. Aber er war mit seinem guten Aussehen und galanten Manieren schon immer ein großer Charmeur und Liebling der Frauen, dessen Herz leicht zu entflammen war. Vielleicht hatte er bereits eine neue Herzensdame, zuzutrauen wäre es ihm.

Meine Laune hatte sich gebessert, und ich konnte ein wenig die festliche Stimmung genießen, die überall in der Stadt herrschte. Die Menschen freuten sich auf die kommenden Tage und die Köstlichkeiten, die damit verbunden waren. Selbst diejenigen, die wenig hatten, leisteten sich einen Braten, und für die Kinder gab es an Weihnachten Spielsachen und Süßigkeiten. Es war kalt geworden. Die Gewässer waren zugefroren, und die Schlittschuhläufer drehten ihre Runden auf dem Hollersee und auf den überschwemmten und vereisten Wiesen im Blockland. An einem Sonntagnachmittag wagte ich mich mit Stephan und Grietje gar selbst aufs Eis, und wir fanden großen Spaß daran, obwohl wir so manchen Sturz verwinden mussten.

Der Winter war ins Land gezogen mit seinen Freuden, und wenn die Sonne von einem milchigen Himmel schien und der Schnee glitzerte, schien alles überaus friedlich und schön zu sein. Meine Erlebnisse mit Holmes waren in den Hintergrund gerückt, und ich fühlte eine Leichtigkeit und Unbeschwertheit in mir aufsteigen, wie ich sie seit Sophies Abreise nicht mehr erlebt hatte. Vielleicht stimmte mich die Vorstellung, dass sie womöglich bald wieder in Bremen sein würde, ein wenig optimistisch, selbst wenn es mit meinem Vater so eine Sache war. Allein der Gedanke, sie einfach nur zu sehen, drüben auf der anderen Straßenseite in ihrem Haus, machte mich froh. Immer wieder zog ich ihr Amulett aus meiner Tasche, um es zu öffnen und die Locke ihres weichen Haares zwischen meinen Fingern zu spüren.

Und so verging die Zeit, die in gewohnter Manier ihre heilsame Decke über die Wunden der Vergangenheit legte. Schließlich war Weihnachten. Der Streit, der unser Familienleben belastet hatte, war fast vergessen, und wir feierten einträchtig mit unseren Gästen in ausgelassener Stimmung. Die junge Tochter von Vaters Geschäftspartner fand Gefallen an Hinnerk und dieser an ihr. Die zwei schäkerten in einer Weise miteinander, dass ihre Mutter nicht nur einmal mehr Anstand einforderte. Mein Vater indes sah es mit Wohlgefallen, obwohl seine Seitenblicke in meine Richtung mir verrieten, dass diese Dame eigentlich mir zugedacht war.

Das neue Jahr war gekommen und mit ihm viel Arbeit in der Apotheke. Es galt, die Bestände zu sichten und die Buchhaltung für das vergangene Jahr abzuschließen. Ich arbeitete immer bis spät in den Abend hinein und fiel nach einem Spaziergang mit Hektor erschöpft in mein Bett. Auf diese Weise kam es, dass ich die Rückkehr meines Freundes Sherlock Holmes erst nach einigen Tagen bemerkte. Es war Hektor, der mich darauf aufmerksam machte. Eines Tages schmückte wie früher ein kleines Briefchen sein Halsband, eine Nachricht von Holmes. Ich las:

»Geschätzter Hellmann,
ich habe eine neue Spur bezüglich der Raubüberfälle und bitte Sie, mich heute Nacht bei meinen Ermittlungen zu begleiten. Ziehen Sie sich unauffällig an, es gilt erneut, sich unbefugt Zutritt zu verschaffen. Treffpunkt halb zwei an der Schönhausenstraße Ecke Herderstraße. Ich zähle auf Sie.
Gruß, Sherlock Holmes«

Der Brief war, wie es Holmes' Art war, knapp und sachlich. Ich war ein wenig enttäuscht, zumindest ein gutes neues Jahr hätte er mir wünschen können. Trotzdem freute ich mich darüber, dass er wieder in Bremen war und mich zu einem neuen Abenteuer einlud. Sein Geist war nun einmal eine logische Denkmaschine, wo für Emotionen kein Platz war. Selbstverständlich würde ich seiner Aufforderung nachkommen.

Kapitel 29

Ich legte mich wie gewohnt gegen elf Uhr abends zu Bett, konnte jedoch nicht einschlafen. Was hatte es mit diesem nächtlichen Einsatz nur auf sich? Ich konnte mir keinen Reim darauf machen. Schließlich fiel ich in einen unruhigen Schlummer, aus dem mich um kurz nach eins mein Wecker riss. Ich schlüpfte in die dunkle und bequeme Kleidung, die ich zurechtgelegt hatte – man wusste ja nie, ob eine schnelle Flucht von Nöten war – und schlich durchs Souterrain nach draußen. Die Gaslaternen tauchten die Straße in ein fahles Licht. Vorsichtig drehte ich mich nach allen Seiten um, weit und breit war kein Mensch zu sehen. Der Schnee schluckte die Geräusche, die ich beim Laufen machte, und auch sonst war es still. Noch bevor ich die verabredete Ecke erreicht hatte, konnte ich die charakteristische Silhouette von Holmes erkennen. Er wippte ungeduldig auf den Zehenspitzen und stieß mit seiner Pfeife weiße Dampfwolken aus.

»Da sind Sie ja endlich«, begrüßte er mich. »Schnell, wir müssen zum Dom.« Damit klopfte er seine Pfeife aus und wandte sich zum Gehen.

»Wollen Sie den Räuber auf frischer Tat ertappen?«, brachte ich hervor, als ich ihm nahezu im Laufschritt folgte.

»Natürlich nicht, wie sollte ich wissen, wann er wieder zuschlägt. Ich hoffe, heute Nacht sein Versteck auszuheben.«

Mehr war auf dem Weg zum St. Petri Dom nicht von ihm zu erfahren. Dort angelangt, kramte Holmes seine Dietriche hervor und machte sich an einer Seitentür des Domanbaus zu schaffen. Das Schloss sprang auf, und wir gelangten in einen langen Gang. Hier nahm sich mein Freund eine zweite Tür vor, und wir fanden uns im Kreuzgang des Doms wieder. Der grüne Innenhof war umringt von offenen Gängen, die ein Gewölbe schützte, soweit ich wusste, wurden in diesem Klosterhof die Dombediensteten bestattet. In meiner Vorstellung sah ich Mönche in ihren langen Gewändern und Kapuzen betend durch diese Gänge wandeln. Doch mir blieb nicht viel Zeit, meinen Gedanken nachzuhängen, Holmes strebte einer Kohlenschütte zu, die sich linker Hand befand.

»Folgen Sie mir«, forderte er mich auf, klappte den Deckel hoch, schwang seine Beine über den Rand und rutschte mit Schwung in die dunkle Tiefe. Mir blieb nichts übrig, als ihm mit einem mulmigen Gefühl zu folgen, immerhin war mein Armbruch erst vor Kurzem gut verheilt, und ich hatte keine Lust, mir bei der Landung auf was auch immer erneut die Knochen zu brechen. Die Rutschpartie erwies sich zum Glück als überaus kurz, und ich landete zu meiner Überraschung bei den Mumien im Bleikeller.

»Sehen Sie, wie einfach es ist, nach einem Raubüberfall an der Domsheide unbemerkt zu verschwinden?«, sagte Holmes, der eine Blendlaterne entzündet hatte.

»Tatsächlich«, murmelte ich. »Aber es kommt mir vor wie eine Sackgasse.«

»Warten wir's ab.« Er zog an einem Seil, das neben mir an der Wand hing, und ich hörte, wie sich der Deckel der Kohlenschütte wieder schloss.

»Dieses Seil wurde erst kürzlich hier angebracht, es ist in einem hervorragenden Zustand. Hier hat jemand seinen

Fluchtweg sorgfältig präpariert.« Holmes blickte sich um. »Das muss früher der Kohlenkeller gewesen sein, wie praktisch.«

Zu meinem Entsetzen sah ich dann, wie mein Begleiter anfing, die Särge der Mumien einer genauen Inspektion zu unterziehen. Er hob ihre Gliedmaßen an, schaute unter die Kopfkissen und ließ sich nicht davon abschrecken, dass die ledernen Körper auf das Unerträglichste knirschten und knackten.

»Was machen Sie da?«, fragte ich bestürzt.

»Ich suche die Beute, und wenn Sie so freundlich wären, mich zu unterstützen.«

»Auf gar keinen Fall. Ich werde nicht die Totenruhe stören, das bringt Unglück, und am Ende lädt man einen Fluch auf sich.«

»Seit wann sind Sie abergläubisch?«

»Man hört schließlich derlei Dinge von den ägyptischen Mumien.«

»Das hier sind steife Hanseaten«, spöttelte Holmes, »von denen haben Sie nichts zu befürchten.«

Doch ich beharrte auf meinem Standpunkt und ließ mich nicht dazu überreden, mich an diesem Frevel zu beteiligen. Die Situation war so schon gruselig genug. Holmes brachte mich immerhin dazu, die Laterne zu halten, während er sich an den Mumien zu schaffen machte. Als er beim schwedischen General angekommen war, stieß er einen Freudenschrei aus: »Sehen Sie nur, Hellmann, hier unter dem Kopfkissen!« Er zog einen Stoffbeutel hervor, der offensichtlich mit schweren Dingen gefüllt war.

Wir blickten beide neugierig hinein: Es glänzte und blinkte uns ein Sammelsurium von Schmuck und Geldstücken entgegen, wir hatten die Beute des Räubers gefunden. Holmes schüttete den Inhalt auf dem steinernen Boden aus. Ringe, Broschen, Halsketten, Ohrringe und alle nur erdenklichen Geldstücke kullerten umeinander.

»Der Fund deckt sich mit den Angaben der Bestohlenen«, erklärte mein Freund nach einer kurzen Inspektion. »Sehen Sie hier: die Brosche von Frau Finke, und dies ist die Taschenuhr von Herrn Großheinrich. Diese Kette dürfte Frau Naumann gehören und der Ring Frau Wernicke.« Er hatte sich doch glatt alle entwendeten Schmuckstücke gemerkt und dazu die passenden Besitzer. Mein Respekt vor dem phänomenalen Gedächtnis von Sherlock Holmes wuchs.

»Jetzt zurück mit den Sachen in den Beutel und unters Kissen. Wir müssen ein weiteres Geheimnis lüften.«

»Was denn für ein Geheimnis?«, wollte ich wissen. »Wir haben die Beute der Raubüberfälle entdeckt, ist das nicht genug?«

»Es muss hier irgendwo einen geheimen unterirdischen Gang geben. Als ich als Mister Fielding an der Bremer Börse ein- und ausging, habe ich Heini Holtenbeen kennengelernt, von dem Sie mir vor einiger Zeit berichtet haben. Er ist wirklich ein verschrobenes Original und sammelt, wie Sie sagten, die Zigarren der Kaufleute ein. Ich habe ihm so einige hervorragende Exemplare in die Hand gedrückt, und er hat sich aufs Umständlichste bedankt. Davon habe ich fast kein Wort verstanden, aber als ich ihn nach geheimen Schlupfwinkeln und Verbindungswegen unter dem Bremer Dom fragte, hat er mir halbwegs verständlich von einer alten Legende berichtet. Danach soll der Bremer Bischof früher einen unterirdischen Tunnel vom Dom bis in den Schnoor benutzt haben, um dort in den Badestuben die käuflichen Damen aufzusuchen.«

»Und so einen Quatsch glauben Sie? Heini Holtenbeen hat nicht alle fünf Sinne beieinander, auf den können Sie nicht hören.«

»Ich habe natürlich danach andere Leute befragt, viele haben von dieser Geschichte gehört und bestätigt, was Holtenbeen mir erzählt hat. Nun ist es äußerst naheliegend, dass sich der Eingang zum Tunnel hier im Bleikeller befindet. Dann kann der Räuber zuerst seine Beute verstecken, um anschließend durch den Tunnel in den Schnoor zu fliehen. Damit wäre sein Fluchtweg perfekt.«

Ich kapitulierte. Wahrscheinlich hatte Holmes wie immer recht. Der Schmuck war schließlich auch unter einer Mumie versteckt, was ich niemals geglaubt hätte.

»Also gut, wo sollen wir suchen?«

In der nächsten Stunde suchten wir Zentimeter für Zentimeter den Boden und die Wände des Bleikellers ab. Während ich die Blendlaterne hielt, inspizierte Holmes das Mauerwerk mit seiner Lupe. Mir wurde immer unbehaglicher zumute, und die Kälte kroch in meine Glieder. Aber Holmes schien von alledem nichts zu bemerken und war konzentriert bis in die Fingerspitzen bei der Arbeit. Er befühlte jeden Spalt und fuhr tastend über jede Erhebung. An der Wand hinter dem Sarkophag des Kanzlers von Engelbrechten hielt er plötzlich inne.

»Hellmann, hier ist eine tiefe Ritze, das muss es sein.« Er

zückte ein Messer und stocherte in dem Spalt herum, aber nichts geschah. »Es muss einen Mechanismus geben, der den Eingang öffnet«, rätselte mein Freund.

Müde lehnte ich mich gegen das Mauerwerk und berührte dabei eine steinerne Putte, die als Relief die Wand schmückte. Da tat es einen Schlag, und direkt vor uns schwang ein Stück der Mauer auf und gab eine Öffnung frei.

»Hellmann, das haben Sie hervorragend gemacht«, rief Holmes aus, und seine grauen Augen blitzten auf. Ein eiskalter, muffiger Geruch strömte uns aus dem düsteren Gang entgegen, der sich vor uns aufgetan hatte.

»Auf, auf, mein Freund, lassen Sie uns diesen Tunnel erkunden!« Holmes nahm mir die Laterne ab und bückte sich, um in die schmale Öffnung zu kriechen. Mir schauderte, worauf hatte ich mich da nur eingelassen?

»Worauf warten Sie? Kommen Sie, hier liegt die Lösung unseres Problems. Das wollen Sie sich doch nicht entgehen lassen?«

Ich überwand meinen Widerwillen, tastete nach Sophies Medaillon in meiner Hosentasche und folgte dem Detektiv, der bereits einige Meter hinter sich gebracht hatte. Nachdem ich mich durch das enge Viereck gezwängt hatte, erweiterte sich der Gang, sodass ich in gebückter Haltung halbwegs bequem laufen konnte. Es war finster und feucht, und ich konnte mich nur an Holmes orientieren, der vor mir mit der Laterne ein wenig Licht spendete. Der Boden bestand aus festgetretenem Lehm, die Wände waren gemauert, und Wasser floss in dünnen Rinnsalen an ihnen herab. Schweigend tasteten wir uns vorwärts, wobei sich der Gang immer wieder in Biegungen wand und leicht abwärts führte. Auf einmal blieb Holmes stehen, bückte sich und hob etwas vom Boden auf.

»Sehen Sie!« Er drehte sich zu mir um. »Eine Münze. Die muss der Räuber verloren haben, als er nach einem Überfall das Weite gesucht hat.«

So waren wir etliche Meter gegangen, wie viele es waren, kann ich nicht sagen, mein Orientierungssinn war mir in der Dunkelheit völlig abhandengekommen, als wir ein Geräusch vernahmen.

»Still!«, zischte Holmes mir zu und blieb wie angewurzelt stehen. »Ich höre etwas, da kommt wer. Schnell zurück in den Bleikeller. Er darf uns auf keinen Fall bemerken, sonst war alles umsonst.«

Er drückte mir die Laterne in die Hand, damit ich uns vorausleuchten konnte, und wir liefen denselben Weg zurück. Dabei spürte ich Holmes' Atem im Genick, denn ich war ihm viel zu langsam. In mir hatte sich eine leichte Panik ausgebreitet, obwohl für mich kein Grund dazu bestand. Holmes war schließlich derjenige, auf den der Unbekannte, der nun durch den Tunnel auf uns zukam, zuerst treffen würde. Doch die Enge, die schlechte Luft und die Aufregung forderten ihren Tribut. Es schien mir, als würde sich der Gang endlos hinziehen, doch schließlich tat sich vor uns wieder die Öffnung zum Bleikeller auf. Flink krochen wir hindurch, und mein Freund schloss behutsam die Tür. Erleichtert atmete ich auf.

»Wir haben keine Zeit für eine Pause«, drängte mich Holmes. »Wir müssen uns verstecken, schnell, hier hinter dem Sarg des englischen Majors. Er will sicher an seine Beute, und von dort aus können wir ihn am besten beobachten.«

Wir positionierten uns hinter der Mumie, wobei der aufgeklappte Sargdeckel uns guten Schutz bot, und löschten das Licht. Mein Herz klopfte bis zum Hals, wie wir da so im Dunkeln hockten und warteten. Sollten wir entdeckt werden, hatten wir keine Möglichkeit zu fliehen. Die Kohlenschütte war zu hoch und die Tür zum Dom verschlossen.

»Hören Sie auf zu zappeln und zu schnaufen«, tadelte mich Holmes. »Sie rascheln ja wie zwanzig Ratten zugleich.«

In der Tat war ich im Unterschied zu ihm unruhig, von ihm ging kein Laut und nicht die kleinste Bewegung aus. Er verstand es perfekt, sich wie ein Leopard auf die Lauer zu legen. Auch seine Ohren mussten besser sein als meine, denn ich hatte im Tunnel kein Geräusch vernommen. Es gehört schließlich zu seinem Beruf, versuchte ich mich über meine eigene Unzulänglichkeit hinwegzutrösten.

So saßen wir eine ganze Weile, bis ich endlich etwas hörte, eine Art Kratzen und Schleifen. Dann schwang der Eingang zum Tunnel auf, und ein schwaches Licht erhellte den Raum. Ich überließ es Holmes, über den Sargdeckel zu spähen. Er hatte mit seiner Vermutung recht gehabt, denn ich hörte, wie der Schurke den Beutel mit dem Schmuck und den Geldstücken hervorholte. Mit einem Mal ging alles ganz schnell. Holmes sprang hoch, klappte unseren Sargdeckel zu und hechtete mit einem Schwung über unsere Mumie hinweg.

»Schau an, wen haben wir denn da?«, hörte ich seine Stimme und erhob mich gleichfalls. »Wenn das nicht Tammo Hartje ist!«

Ich blickte in das bleiche Gesicht eines jungen Mannes, der wie angewurzelt neben dem Sarg des schwedischen Generals stand und uns entgeistert anstarrte. In seiner linken Hand hielt er den Beutel, in der rechten mehrere Geldstücke. Die Laterne hatte er in den Sarg gestellt. Sein Mund stand offen, und er sah, wie Barbara uns berichtet hatte, recht dösig aus. Sein Haar hing ihm in langen Strähnen in die großen wässrigen Augen. Er hatte ein unrasiertes Doppelkinn, obwohl er bis auf einen kleinen Bauch nicht sonderlich dick war. Sein Mund erweckte den Eindruck eines beständig beleidigten Menschen. Ich hatte ihn nie zuvor gesehen.

»Waren Ihre Spielschulden mal wieder zu hoch, Tammo, und Sie müssen etwas von der Beute der Raubüberfälle holen?«, fragte Holmes. »Ich habe mich schon gefragt, wie Sie sich das leisten können, permanent beim Skat zu verlieren. Sie spielen so schlecht, dass es einen graust. Und der Herr Küster ist auch nicht viel besser, ist er am Geschäft beteiligt? Schließlich stellt er Ihnen seine Räumlichkeiten zur Verfügung, obwohl diese hier nicht sehr einladend sind.« Er wies mit einer großen Geste auf die Mumien.

Tammo blickte uns nach wie vor regungslos aus großen verständnislosen Augen an. Er schien wie zu Stein erstarrt.

»Damit hat Friedhelm Sie also erpresst, er wusste, dass Sie für die Raubüberfälle verantwortlich sind und Geld im Überfluss haben und hat Sie bluten lassen, wie unfein. Wie ist er Ihnen auf die Schliche gekommen, hat er Sie bei einem Überfall beobachtet? Und dann noch Barbara, Ihre Barbara! Er hat Ihnen nicht nur Ihre Beute, sondern auch noch Ihre Liebste genommen. Was für eine Ungeheuerlichkeit. Und beim Anblick von Friedhelm im Bett von Barbara haben Sie rot gesehen und mit dem Bügeleisen auf ihn eingeschlagen.«

Holmes war bei diesen Worten immer näher an Tammo herangerückt, während ich vor dem Tunnel Position bezog, um eine Flucht zu verhindern. Als mein Freund nahezu in Reichweite von Tammo war, kam endlich Leben in diesen Mann.

»Er hat es nicht anders verdient! Er hat mir meine Barbara weggenommen, sie war meine Freundin.« Fast trotzig wie ein kleines Kind stieß er die Worte hervor.

»Sie wollten ihr einen Verlobungsring schenken an diesem Abend, ist das richtig?«

»Den schönsten Ring, den ich bekommen habe. Mit einem kleinen Diamanten.«

»Aber Barbara war gar nicht in ihrem Zimmer.«

»Nein, sie ist weggegangen. Sie ist jetzt auch weggegangen und kommt nicht wieder.« Tammos Stimme klang nahezu weinerlich. Ich war überrascht, wie es Holmes gelang, mit seiner ruhigen, besonnenen Stimme Tammo regelrecht zu hypnotisieren und ein Geständnis aus ihm herauszulocken.

Doch da kam auf einmal Leben in diese unglückliche Figur. Er warf Holmes den Beutel entgegen und rannte um den Sarg herum. Zu meinem Entsetzen hatte er ein Messer gezückt, fuchtelte damit wild in der Luft herum und hielt Holmes auf Abstand.

»Mich kriegt ihr nicht«, schrie er.

Holmes folgte ihm, aber Tammo war schneller und rannte geradewegs auf mich und den Tunneleingang zu. Ich stellte mich drohend auf, als er auch schon vor mir war, und ich unvermittelt einen stechenden Schmerz in meinem linken Arm verspürte. Für kurze Zeit war ich außer Gefecht gesetzt. Dies nutzte Tammo und stieß mich zur Seite. Er war schon zur

Hälfte im unterirdischen Gang verschwunden, als Holmes ihn einholte und wieder herauszerrte. Tammo wehrte sich und zappelte wie ein Fisch an der Angel, außerdem blitzte das Messer in seiner rechten Faust auf.

»Er hat ein Messer«, rief ich, aber Holmes hatte die Gefahr längst erkannt und streckte Tammo mit einem gezielten Faustschlag nieder. Tammo hatte nicht die geringste Chance, schließlich war sein Gegner, wie ich später erfuhr, ein geübter Boxer.

»So, der rührt sich so schnell nicht wieder.«

Ich tastete nach meinem linken Arm, der schlaff herabhing, und fühlte eine warme Flüssigkeit am Ärmel. Zudem war mir so schwindlig, dass ich mich setzen musste.

Holmes hatte die Blendlaterne ergriffen, beugte sich zu mir herunter und fragte ehrlich besorgt: »Was ist mit Ihnen, Hellmann?«

»Er hat mich erwischt, schon wieder der linke Arm«, klagte ich.

»Ziehen Sie Ihren Mantel aus.«

Ich tat wie Holmes geheißen. Tammo hatte mich mit dem Messer am Oberarm erwischt, und Blut lief den Hemdsärmel hinunter. Holmes griff sich ein Kissen aus einem Sarg, zerriss es mit Hilfe von Tammos Messer in lange Streifen und bandagierte damit meinen Arm. Stechende Schmerzen durchfuhren mich, und ich stöhnte auf.

»Das sieht nicht gut aus, Sie müssen sofort ins Krankenhaus. Wir müssen schleunigst hier raus und einen Wachmann finden. Mal sehen, ob unser Räuber einen Schlüssel für den Dom hat.«

Holmes durchsuchte Tammos Taschen – und tatsächlich, in der Hose fand sich ein großer Schlüssel, der zur Tür passte, die in das Kirchenschiff führte. Er drückte mir einen Besen in die Hand, den er in einer Ecke gefunden hatte.

»Hier, halten Sie Wache. Ich hole Verstärkung und bin gleich zurück. Wenn Tammo muckt, dann braten Sie ihm mit dem Besenstiel eins über. Aber ich glaube nicht, dass das nötig sein wird, ich habe ihn mit einem rechten Haken für einige Zeit außer Gefecht gesetzt.«

Damit war mein Freund verschwunden. Zum Glück hatte er unsere Blendlaterne dagelassen und Tammos Leuchte mitgenommen. Trotzdem waren es die längsten Minuten meines Lebens, wie ich so mit dem schmerzenden Arm und dem besinnungslosen Mörder vor mir in dieser Gruft hockte. Nach einer gefühlten Ewigkeit kam mein Freund mit gleich vier Polizeidienern zurück. Tammo hatte sich zu meiner Erleichterung nicht gerührt. Zwei der Uniformierten trugen ihn kurzerhand nach draußen, einer kümmerte sich um mich. Ich hatte einiges an Blut verloren und fühlte mich schwach auf den Beinen. Vor dem Dom stand eine Polizeikutsche, in die ich verfrachtet wurde.

»Ich gehe mit auf die Wache«, sagte Holmes, als er sich von mir verabschiedete. »Es ist einiges zu klären. Lassen Sie sich im Krankenhaus gut verarzten, ich brauche Sie noch.«

Kapitel 30

Ich saß gerade auf der Bettkante und versuchte verzweifelt, mein Hemd über den dick bandagierten linken Arm zu ziehen, als eine wohlbekannte Stimme ertönte: »Damit werden Sie kein Glück haben, der Ärmel ist viel zu eng. Ich habe Ihnen hier eine englische Strickjacke mitgebracht, weit geschnitten, warm und bequem, genau das Richtige für einen Ausflug in die Unterwelt.«

»Tammo Hartje sitzt doch jetzt im Gefängnis«, brummte ich müde.

Es war gegen Mittag, und ich hatte wenig geschlafen, weil die Schwester mich und meine Mitpatienten zu einer unchristlichen Zeit geweckt hatte. Ein Arzt hatte sich noch in der Nacht um meinen Arm gekümmert und ihn gut versorgt, die Schmerzen waren jedoch immer noch da. Holmes dagegen war voller Tatendrang.

»Tammo ist in Haft, in der Tat, Kommissar Wätjen hat ihn ausführlich befragt. Tammo hat allerdings seine Meinung geändert und streitet jetzt alles ab, doch es wird ihm nicht viel nützen, er hat uns gegenüber ein klares Geständnis abgelegt. Kommissar Meier mochte ich nachts nicht aus dem Schlaf reißen, er muss uns heute zur Hand gehen und wartet am Dom auf uns.«

»Auf uns? Das ist nicht Ihr Ernst!« Ich deutete auf meinen Arm. »Haben Sie vergessen, dass ich eine unschöne Begegnung mit einem Messer hatte?«

»Keineswegs, aber ich weiß um Ihre Neugier. Sie wollen

sich bestimmt nicht die Überführung aller Beteiligten entgehen lassen, und dazu müssen wir den unterirdischen Gang bis zu seinem Ende erkunden. Ihre Wunde ist außerdem nicht so tief wie es auf den ersten Blick schien, und als Apotheker haben Sie ausreichend Medikamente, auf die Sie zurückgreifen können. Sie haben Glück gehabt, ich habe mit dem Arzt gesprochen, Sie sind entlassen.«

Ich war sprachlos und starrte Holmes mit offenem Mund an.

»Nun schauen Sie nicht so, seien Sie froh, dass Sie aus diesem Spital hinauskommen. Hier werden Sie nur krank.«

»Ich bin krank«, protestierte ich schwach, aber wenig überzeugend. Tatsächlich lockte mich die Vorstellung, den Mord im Schnoor und die Raubüberfälle zusammen mit dem großen Detektiv vollends gelöst zu haben. Ergeben legte ich mein Hemd zur Seite und ergriff die Strickjacke, ein Kleidungsstück, das sich bislang vorwiegend in England durchgesetzt hatte, war es doch von dem britischen General Earl of Cardigan im Krimkrieg gewissermaßen erfunden worden. Sie war erstaunlich bequem und warm, und ich war auf Anhieb begeistert von dieser neuen Art der Bekleidung. So schnell ich mit meinem lädierten Arm konnte, raffte ich meine wenigen Habseligkeiten zusammen und war startklar.

»Ihre Familie ist informiert, dass Sie mit mir unterwegs sind, Sie können also sofort mitkommen.«

Ich vermutete, dass zu Hause niemand von meiner Stichverletzung und dem Krankenhausaufenthalt erfahren hatte, und sollte damit richtig liegen, doch das nur am Rande. Meine Bettnachbarn beobachteten verwundert und neidisch meinen Abgang, und wir gelangten unbehelligt bis vor die Tür, wo eine Polizeikutsche für uns bereitstand. Vor dem St. Petri Dom warteten nicht nur Kommissar Meier, sondern auch vier Wachtmeister ungeduldig auf uns. Es war Sonntag, der Gottesdienst längst vorbei und die Kirche leer.

»Da sind Sie ja, meine Herren!«, rief Meier erfreut. »Dann wollen wir die Räuberhöhle mal ausheben, den Küster haben wir schon festgesetzt.«

Unsere Gruppe durchschritt das Kirchenschiff, und Meier schloss den Bleikeller auf. Durch zwei kleine Fenster fiel ein wenig Licht, und wir hatten mehrere Laternen, die den Raum erhellten. Das düstere Szenario der Nacht war verschwunden, aber der Kampf hatte Spuren hinterlassen: Der schwedische General lag quer über seinem Sarg, auf dem Boden war Blut, und vereinzelte Münzen lagen herum. Der Besen, mein zerstochener Mantel, den wir in der Aufregung vergessen hatten, und Federn aus dem zerrissenen Kissen vollendeten das Chaos. Davon unbeeindruckt steuerte Holmes zielstrebig auf den Tunneleingang zu, der immer noch offen stand.

»Um Gottes willen!«, rief Kommissar Meier, als er die kleine Öffnung sah. »Sie wollen ja wohl nicht da hinein?«

Holmes musterte Meier von oben bis unten und kam zu dem Schluss: »Ich befürchte, der Gang ist für Sie zu eng.«

Er drückte dem Kommissar eine Rolle Schnur in die Hand. »Hier, nehmen Sie das Ende, und lassen Sie es nicht los. Wir werden die Rolle bei unserer Erkundung abwickeln, es besteht die Möglichkeit, dass sich der Tunnel verzweigt. Außerdem wissen wir dann, wie lang der Gang ist.«

Meier seufzte erleichtert. »Hauptsache, ich muss nicht in dieses Loch kriechen, ich bekomme so schnell Platzangst.«

»Es heißt Klaustrophobie, nicht Platzangst«, korrigierte Holmes. »Wie dem auch sei, lassen Sie uns endlich losgehen, meine Herren!«

Mit drei Polizeidienern, einigem Werkzeug und mehreren Laternen krochen wir durch den Eingang. Ich hatte nicht mehr so ein mulmiges Gefühl wie in der Nacht, schließlich war Tammo hinter Gittern, und wir waren gut ausgerüstet. Trotzdem war es nicht sonderlich angenehm, in gebückter Haltung den kühlen, feuchten Tunnel entlang zu schleichen. Ich war froh, dass ich neben der Strickjacke einen Umhang von Holmes erhalten hatte, den ich nun fest um mich zog. Schweigend bewegten wir uns vorwärts. Holmes ging voran, ich folgte, und nach mir kamen die drei Polizisten. Ich bemerkte, wie mein Freund jeden Meter des unterirdischen Ganges sorgfältig betrachtete und Stück für Stück die mitgebrachte Schnur entwickelte. Wie ich schon in der Nacht erkannt hatte, ging es leicht abwärts, und ab und zu huschte eine Maus vorbei. Seitengänge gab es nicht, und wir kamen gut voran. Wir hatten bereits einige hundert Meter zurückgelegt, als wir auf eine Treppe stießen, die nach oben führte und an einer massiven Holztür endete.

»Hier haben wir den Ausgang!«, flüsterte Holmes triumphierend. »Ich bitte um absolute Ruhe. Ich werde jetzt die Tür öffnen, und wir wissen nicht, was uns dahinter erwartet.«

Gespannt duckten wir uns hinter ihn. Mein Freund nahm seine Dietriche zur Hand und hantierte vorsichtig am Schloss herum. Nach mehreren Versuchen klappte es, das Schloss sprang auf, und er drückte langsam die Türklinke hinunter. Ein Spalt öffnete sich, durch den ein wenig Tageslicht drang.

Kein Laut war zu hören. Holmes steckte behutsam den Kopf durch die Öffnung, zog ihn wieder zurück und drehte sich zu uns um. »Sieh an, sieh an, wir sind in der ›Krabbe‹ gelandet. Hier schließt sich also der Kreis. Der Ausgang befindet sich im hinteren Teil der Gaststube hinter einigen leeren Bierfässern, im Schankraum scheint augenblicklich niemand zu sein. Wir können uns vorsichtig hineinwagen, aber so leise und unauffällig wie möglich. Ich möchte, dass wir das Überraschungsmoment auf unserer Seite haben.«

Holmes öffnete wieder behutsam die Tür, die ohne ein Geräusch aufschwang. Sie war, wie der Eingang im Bleikeller, um einiges kleiner als der Tunnel selbst, und wir krochen einer nach dem anderen hindurch. Holmes hatte als Vorangehender ein Bierfass zur Seite gerollt, sodass wir eintreten konnten. Erleichtert richtete ich mich auf. Mein Arm tat weiterhin weh, aber der Schmerz hatte etwas nachgelassen. Wortlos blickten wir uns im Schankraum um, der verwaist war. Die Stühle standen auf den Tischen wie zum Reinemachen, es roch nach Bier und abgestandenem Tabakrauch.

»Hol's der Teufel, was machen Sie hier?«, erklang unvermittelt die raue Stimme des Wirts Knut Hartje. Er kam gerade die Treppe aus dem Obergeschoss hinunter und schaute uns verärgert an. »War mir doch so, als hätte ich was gehört. Was fällt Ihnen ein, hier so hinterrücks einzubrechen?«

»Die Tür stand offen«, konterte Holmes und zeigte auf den Ausgang des Tunnels, »Tammo hat vergessen, sie abzuschließen. Vermutlich ist es ihm bei seinem letzten Beutezug entfallen, oder ihm fehlte bei seiner Flucht nach dem Mord an Friedhelm Beck die Zeit dafür.«

Holmes' harsche Worte zeigten Wirkung. Der Wirt wurde blass, sein sonst vom vielen Alkohol gerötetes Gesicht verlor alle Farbe. Nie habe ich einen Menschen derart schnell erbleichen sehen. Er setzte sich auf eine Bank am Fenster und rang um Fassung. Ihm wurde anscheinend erst jetzt bewusst, dass ihm nicht nur Holmes und meine Wenigkeit, sondern auch drei Polizisten gegenüberstanden. Stumm blickte er von einem zum anderen.

»Tammo ist in Gewahrsam, und wir müssen Sie bitten, uns zu folgen. Kommissar Meier hat da eine ganze Reihe von Fragen an Sie.«

Nach einer langen Zeit des Schweigens nickte Knut Hartje ergeben und flüsterte: »So ist das also, Sie haben ihn.«

Zu meinem Erstaunen traten ihm Tränen in die Augen. Zum ersten Mal spürte ich, dass hinter dieser rauen Schale eines versoffenen Schankwirts ein ganz weicher Kern steckte. Möglicherweise hatte ihn der Verlust seines Sohnes Ludwig, der auf See geblieben war, bereits in tiefe Trauer gestürzt. Nun würde er auch seinen zweiten Sohn verlieren. Eskortiert von zwei Polizeidienern brachten wir Hartje zum Dom, wo Kommissar Meier auf uns wartete. Einen Uniformierten hatte Holmes zurück in den Tunnel geschickt, um die Schnur, die er am Ende des Ganges abgeschnitten hatte, wieder aufzurollen.

Eine Stunde später waren wir im Stadthaus im Büro von Meier. Die Polizeidiener hatte der Kommissar weggeschickt, Knut Hartje hatte auf dem Stuhl Platz genommen, auf dem schon Herr Bruns gesessen hatte.

»So, nun packen Sie mal aus«, forderte Meier den Wirt auf. »Wer war alles an den Raubüberfällen beteiligt? Sie haben da ja eine richtige Räuberhöhle in Ihrer ›Krabbe‹ eingerichtet. Wie praktisch, dass der Tunnel ausgerechnet in Ihrem Wirtshaus endet.«

»Der Gang war schon immer da. Wir benutzen ihn im Sommer, um unser Bier kühl zu lagern.«

»Und Sie brauchen ihn, um nach einem Überfall an der Domsheide schnell und unauffällig zu verschwinden.«

»Ich? Sehen Sie mich doch an, Herr Kommissar. Wie sollte ich durch diesen Tunnel gehen?«

»Mmh, tatsächlich.« Meier kratzte sich am Bart. »Sie haben ungefähr die gleiche Statur wie ich. Da wird es schwierig, den Eingang zu überwinden. Aber Ihre Söhne und andere Personen kommen in Frage.«

»Mein Sohn Ludwig ist seit Mai auf See. Er kann nichts getan haben.«

»Und Tammo?«

Hartje senkte den Kopf. »Da weiß ich nichts von.«

»So so. Davon wissen Sie nichts. Dann wissen Sie sicher auch nichts vom Glücksspiel unter Ihrem Dach und von dem Mord in Ihrem Haus?«, donnerte Meier, der sich schwerfällig erhoben hatte.

»Tscha nu, das eine oder andere Spielchen ist schließlich nicht verboten. Skat wird überall gespielt.«

»Nicht um solche Summen! Das lassen Sie mal schön bleiben, dann können wir darüber hinwegsehen. Aber was den Mord betrifft, da sieht es ganz finster aus für Ihren Tammo.«

Ich sah, wie sich die Augen des Wirts wieder mit Tränen füllten.

»War er an diesem Abend in der ›Krabbe‹, und was hat er

getan? War er oben in Barbaras Zimmer?«, drang der Kommissar in Hartje.

»Ich weiß es nicht«, sprach dieser so leise, dass es kaum verständlich war. »Sven war auch oben und dieser Binnenschiffer, der Gustav, alle waren sie oben einer nach dem anderen.«

»Ist Tammo an diesem Abend im Tunnel verschwunden?«

Der Wirt zuckte mit den Schultern und blieb stumm.

»Nun gut, wenn Sie nichts sagen wollen, dann nehmen wir uns mal den Küster vor. Sie bleiben vorläufig hier.«

Knut Hartje wurde abgeführt, dafür saß wenig später der Küster auf dem Stuhl. Holmes hatte sich mit seiner Pfeife am Fenster platziert, Meier hatte wieder hinter seinem Schreibtisch Platz genommen, und ich saß in einem der bequemen Sessel und wärmte mich an einer Tasse Kaffee.

»Sie sind also der Küster Otto Nägele«, leitete Meier das Verhör ein.

Der Angesprochene blickte verständnislos drein.

»Sie müssen lauter sprechen«, bemerkte mein Freund, »er ist schwerhörig.«

»Ach so«, sagte Meier und fuhr mit erhobener Stimme fort: »Sie sind Otto Nägele, der Küster vom St. Petri Dom, ist das richtig?«

»Ja, das stimmt«, bestätigte der Küster, der trotzig um sich blickte. »Aber was wollen Sie von mir, warum bin ich überhaupt hier? Sie können mich doch nicht so einfach aus der Kirche holen. Wer soll denn die Glocken läuten?«

»Da wird dem Pfarrer schon etwas einfallen. Was wissen Sie von den Raubüberfällen und dem Mord an Friedhelm Beck?«

»Ich? Was soll ich davon wissen? Gar nichts.«

»Das glaube ich Ihnen nicht! Die Beute wurde im Bleikeller gefunden, über den Sie die Aufsicht führen.«

»Im Bleikeller gehen jeden Tag Menschen ein und aus, die die Mumien sehen wollen. Fragen Sie mal diesen englischen Herren dort und seinen Freund. Die haben sich ganz verdächtig verhalten. Fünf Goldmark wollten sie mir geben, damit ich keinem erzähle, dass sie dort waren. Bestechen wollten sie mich.«

So einer ist das also, schoss es mir durch den Kopf. Der Küster hatte uns wiedererkannt und wollte jetzt seinen Kopf aus der Schlinge ziehen, indem er uns beschuldigte, und das auf eine unglaublich dummdreiste Art und Weise. Ich ärgerte mich, während Holmes nur laut auflachte.

»Im Gegenteil, Sie schulden uns noch dreißig Pfennig Wechselgeld. Im Übrigen beschuldigt Tammo Hartje Sie, die Raubüberfälle begangen und Friedhelm Beck ermordet zu haben.«

»Was?«, schrie Nägele, dem plötzlich der Schweiß auf der Stirn stand. »Was erzählt Tammo da?«

»Dass Sie der Räuber und der Mörder sind«, wiederholte Holmes eine Spur lauter und baute sich vor Nägele auf. Aber der Küster hatte längst verstanden.

»Das ist ungeheuerlich! Wo er doch von mir das falsche Alibi wollte. Der war gar nicht vor dem Glockenläuten bei mir, erst danach. Da kam er durch den Tunnel gekrochen, völlig verdreckt und hysterisch. Er hätte Mist gebaut, hat er gesagt, und dass ich erzählen soll, dass er vor sechs Uhr schon da war.«

»Und dann hat er Ihnen wie immer einen ganzen Batzen aus seinen Beutezügen gegeben.«

»Ja, das hat er«, bestätigte Nägele, ohne zu merken, dass er damit zugleich zugab, von den Raubüberfällen gewusst und profitiert zu haben.

Nun war der Damm gebrochen, und der Küster konnte nicht mehr zurückrudern, er legte ein umfangreiches Geständnis ab. Zunächst habe er nichts davon geahnt, dass Tammo den Bleikeller als Lager für seine erbeuteten Reichtümer nutzte. Aber eines Nachts sei ihm eingefallen, dass er vergessen hatte, die Tür abzuschließen, und er sei in den Dom gegangen. Von seiner Küsterwohnung aus wäre es nur ein Katzensprung. Da habe er Geräusche aus dem Bleikeller gehört und Tammo entdeckt, als er ein paar Geldstücke unter einer Mumie verstecken wollte. Nun verdiene er als Küster so wenig, dass es kaum zum Leben reiche, darum habe er sich auf einen Handel mit Tammo eingelassen. Dieser zahle ihm in regelmäßigen Abständen Miete für einen Sarg. Das sei aber schon alles, was er wisse.

Ich verschluckte mich beinahe an meinem Kaffee, als ich das verlogene Gerede des Küsters hörte. Miete für einen Sarg, in dem eine Mumie lag! Hatte man so etwas Groteskes schon gehört? Dass Tammo zuvor seine Opfer mit einem Messer bedroht und sie zu Tode geängstigt hatte, schien diesen Diener des Herrn nicht zu tangieren.

Ich erspare Ihnen weitere Details, lieber Leser, das Wichtigste ist gesagt. Nach dem Verhör von Otto Nägele hatte ich genug und verabschiedete mich. Mein Arm schmerzte, und ich war erschöpft. Kommissar Meier und Holmes wollten sich noch Tammo vorknöpfen, doch darauf konnte ich gut verzichten. Die schrecklichen Erlebnisse im Bleikeller lasteten auf meiner Seele, und ich brauchte Erholung. So fuhr ich mit einer Droschke nach Hause, wo ich mich umgehend ins Bett legte und bis zum Abend in einen tiefen Schlaf fiel.

Kapitel 31

Ich schlief auch den folgenden Tag sehr viel, denn ein leichtes Fieber hatte mich gepackt. Unser Hausarzt kam, untersuchte mich und meinen Arm gründlich, legte einen neuen Verband an und gab Entwarnung. Die Wunde heile sehr gut, ich brauche lediglich ein wenig Schonung. Also verbrachte ich meine Tage gemütlich im Bett, ließ mich von Antje mit Köstlichkeiten verwöhnen und studierte die Zeitungen. Diese überschlugen sich nahezu mit sensationellen Schlagzeilen: »Mord im Schnoor aufgeklärt«, »Raubmörder versteckt Beute unter Mumie«, »Bügeleisen-Mörder flüchtet durch Tunnel«, »Mörder versteckt sich im Dom«, »Bremen atmet auf: Serientäter endlich gefasst«. Und so ging es weiter. Kommissar Meier hatte gegenüber den Journalisten bereitwillig Auskunft gegeben und seine Mühen und seinen Erfolg ausführlichst geschildert. Die Unterstützung durch den Londoner Detektiv Sherlock Holmes und den Bremer Apotheker Johannes Hellmann hatte er lobend erwähnt. Ich fühlte mich einerseits geschmeichelt, andererseits war es mir unangenehm, meinen Namen in der Zeitung zu lesen. War es nicht etwas anrüchig, in Ermittlungen in kriminellen Kreisen involviert zu sein?

So lag ich im Bett, genoss einen wunderbaren Tee mit Gebäck, als Antje den Besuch von Holmes ankündigte. Energisch wie immer trat dieser ein und erkundigte sich nach meinem Befinden.

»Ich kann nicht klagen, der Arm verheilt gut, doch ich

gönne mir ein paar Tage Pause, bevor ich wieder in die Apotheke gehe.«

»Wie ich sehe, studieren Sie die neusten Nachrichten.« Er wies auf die vielen Zeitungen, die rund um mein Bett verstreut lagen.

»Ja, ich habe alles gelesen, was ich in die Finger kriegen konnte, aber es bleiben trotzdem einige Fragen offen.«

»Die kann ich Ihnen zu gegebener Zeit beantworten. Im Augenblick bin ich in Eile, ich muss meine Abreise vorbereiten. Ich bin nur vorbeigekommen, um Ihnen einen weiteren Brief von Sophie zu überreichen. Schauen Sie bitte bald bei mir rein, wenn Sie sich dazu in der Lage fühlen, dann können wir alles besprechen.«

Damit war Holmes wieder aus meinem Zimmer geeilt, und ich hielt ein dickes Kuvert in der Hand. Was würde mich darin erwarten? Frau Schütte war bis dahin nicht aus Hamburg zurückgekehrt, obwohl die Beerdigung knapp einen Monat her war. Sogar zu Weihnachten und Silvester war das Haus leer geblieben. Ich gab mir einen Ruck, öffnete den Umschlag und begann zu lesen.

»Mein über alles geliebter Johannes!
Bitte entschuldige, dass ich so lange nicht geschrieben habe, nicht einmal zum Weihnachtsfest und zum Neuen Jahr 1889 habe ich Dir einen Wunsch geschickt. Dies hole ich nun in aller Form nach und wünsche Dir alles Gute für das neue Jahr.

Obwohl mich Dein Bericht über den großen Streit in Deiner Familie traurig und wenig hoffnungsfroh stimmt. Da hat Dein Vater also die ganze Zeit von uns gewusst. Immer-

hin ist er nicht sofort eingeschritten und hat Deinen Kontakt zu mir unterbunden, aber dies ist ja nun geschehen. Für Hinnerk tut es mir ebenso leid, er muss ganz verzweifelt sein. Ihr müsst ein entsetzliches Weihnachtsfest gehabt haben.

Hier bei uns in Hamburg waren die vergangenen Tage ebenfalls von Trauer erfüllt. Nicht nur mein Großvater, auch meine Tante Grete ist von uns gegangen. Kaum war die Beerdigung vorbei, legte sie sich mit hohem Fieber ins Bett und erholte sich nicht mehr. Das Geschwür hat die Oberhand gewonnen. Drei Wochen lang kämpften die Ärzte im Krankenhaus um ihr Leben, aber sie wurde immer schwächer, und vor ein paar Tagen war es dann vorbei.

Du kannst Dir unsere Verzweiflung vorstellen. Mutter hat nicht nur ihren Vater, sondern auch ihre Schwester mit einem Schlag verloren. Sie ist am Boden zerstört. Es bleibt mir überlassen, die Dinge zu regeln, die zu tun notwendig sind. Tante Grete wird neben Großvater in Hamburg beerdigt, ihrer Heimatstadt, das hat sie sich gewünscht. Wir sind in eine Pension gezogen, und Großvaters Wohnung wird aufgelöst.

Mit meinem Besuch der Präparandenanstalt ist es aus, was ich sehr bedauere, ich vermisse meine Freundinnen jetzt schon. Mutter hat beschlossen, dass wir wieder nach Bremen ziehen. Wir haben das Haus von Tante Grete in der Schönhausenstraße geerbt und zugleich den Reichtum, den ihr Mann ihr hinterlassen hat. Wie Du weißt, war er im Petroleum sehr erfolgreich. Das ist bei allem Unglück, das uns ereilt hat, eine glückliche Wendung. Wir brauchen uns um unseren Lebensunterhalt keine Sorgen zu machen und haben ein schönes Zuhause. Doch mein Herz wird schwer, wenn ich mir vorstelle, dass wir wieder vis-à-vis leben und uns nicht treffen dürfen. Aber man darf die Hoffnung nicht aufgeben.

Was Du mir in Deinem Brief schreibst, klingt wieder ungeheuer spannend, herzlichen Dank für Deine lieben Zeilen. Ich hätte zu gerne gesehen, wie Sherlock Holmes sich verkleidet in die ›Krabbe‹ schleicht und dort den Gaunern auf den Zahn fühlt. Unglaublich, dass er so schnell Skat lernen kann und sogar meist zu den Gewinnern zählt. Dann habt Ihr ja den Mörder gefasst, wenn Sven verhaftet und Kommissar Meier von seiner Schuld überzeugt ist. Wie Du schreibst, ist sich Dein Freund trotzdem nicht sicher, vielleicht stehen Dir noch einige Abenteuer mit dem Detektiv bevor. Dass dieser Binnenschiffer aber auch ins Koma fällt und nichts mehr erzählen kann. Das ist ein merkwürdiger Zustand, wenn ein Mensch lebt und dennoch nicht mehr richtig anwesend ist.

Wie Du berichtest, gibt es möglicherweise eine Verbindung zu den Raubüberfällen an der Domsheide. Ich kann mich gut an sie erinnern, bei den ersten Überfällen waren wir ja in Bremen, und die Zeitungen waren voll davon. Eine gute Freundin von mir kennt den Geiger Krummnagel, der als Erster zum Opfer wurde. Wir waren alle ganz schockiert. Wie kommt nun ein Ring aus einem Überfall in das Zimmer, in dem die Leiche liegt? Sehr dubios, was hast Du nur für ein aufregendes Leben.

Holmes hat uns geschrieben, dass er Bremen verlässt und zurück nach London geht. Wahrscheinlich packt er bereits seine Koffer. Wie Tante Grete erzählt hat, ist er nicht gerade ein Muster an Ordnungsliebe, darum möchte ich Dich bitten, ein wenig nach unserem Haus zu sehen, denn wir kommen erst später nach Bremen. Wenn Du mir den Gefallen tun und kontrollie-

ren könntest, ob er alle Fenster und Türen bei seiner Abreise gut verschließt? Ich möchte nicht, dass Schnee und Regen in die Wohnung dringen. Und dass er die Schlüssel bei der Nachbarin Frau Wagner abgibt, nachher nimmt er sie aus Versehen mit nach London, das wäre fatal. Wichtig ist ebenso, im Keller die Gas- und Wasserzufuhr abzudrehen und alles Wasser aus den Leitungen abzulassen, sonst frieren sie ein.

Auf ein baldiges Wiedersehen, ich kann Dir gar nicht sagen, wie sehr ich mich darauf freue. Ich küsse und umarme Dich in Gedanken und denke stets an Dich.

Deine Dich liebende Sophie«

Ich war überrascht und gerührt zugleich. Dass mir Sophie das Wohl Ihres Hauses ans Herz legte, ehrte mich. Jedoch war mir diese Eigenschaft an ihr völlig neu. Nie hatte ich wahrgenommen, ja nicht einmal geahnt, dass sie einen derart ausgeprägten Sinn fürs Praktische hatte. Sie war für mich immer der Engel gewesen, der hoch über den weltlichen Dingen thronte. Ich fühlte mich ein wenig überrumpelt, doch gleichzeitig meiner geliebten Sophie näher als je zuvor. Wie selbstverständlich hatte sie mich in ihren Alltag und ihre Aufgaben einbezogen, ich fühlte mich tatsächlich ein wenig wie ihr Ehemann, obwohl dazu nicht der geringste Anlass bestand. Und ich war ein wenig beschämt, dass ich ihre lebenstüchtige und zupackende Art nicht längst erkannt hatte. Wie sie geschrieben hatte, musste sie sich jetzt in Hamburg um alles kümmern, weil ihre Mutter nicht dazu in der Lage war. Ich hatte den Eindruck gewonnen, dass sie dies mit Bravour meistern würde.

Freude stieg in mir auf, ein heißes Gefühl des Verlangens und ein starker Wille, meine Zukunft in Bahnen zu lenken, die meinem Wunsch entsprachen. Wie konnte mein Vater nur so eine tüchtige Frau ablehnen? Sogleich nahm ich Feder und Tinte zur Hand, um ihr mit einem langen und gefühlvollen Brief zu antworten.

Kapitel 32

Dank der guten Pflege durch unsere liebe Antje erholte ich mich sehr schnell. Den linken Arm konnte ich zwar nicht stark belasten, aber das war mir schließlich nicht neu. Ich genoss wieder kleine Spaziergänge mit Hektor durch die schöne Winterlandschaft und ließ mich in der Apotheke blicken. Viele Kunden hätten nach dem berühmten Apotheker gefragt, berichtete mir mein Onkel. Es habe einen regelrechten Ansturm auf unser Geschäft gegeben. Insgeheim war ich froh, dass ich zu Hause geblieben war, der Wirbel um meine Person war mir unangenehm.

Eines Abends sah ich bei der Heimkehr Licht in Holmes' Wohnung und erinnerte mich an seine Bitte, ihn aufzusuchen. Ich traf ihn auf gepackten Kisten und Koffern an.

»Da habe ich ja Glück gehabt, dass Sie noch nicht abgereist sind«, entfuhr es mir.

»Eigentlich müsste ich längst in London sein, aber ich musste gestern vor dem Richter meine Zeugenaussage ablegen. Das hat meine Abreise verzögert.«

»Dann ist der Fall jetzt abgeschlossen?«

»Das ist er, mein lieber Hellmann, und Sie haben Ihren Teil dazu beigetragen. Glückwunsch! Genießen Sie Ihren Ruhm, so lange es geht, die Menschen vergessen schnell. Tammo Hartje ist im Gefängnis und kommt so schnell nicht wieder raus. Durch das Geständnis des Küsters hat er keine Chance mehr, sich rauszureden. Sein Alibi für die Tatzeit ist geplatzt. Als er das erkannt hat, hat er alles zugegeben: Er hat Friedhelm Beck ermordet und alle Raubüberfälle allein begangen.«

»Hat er erklärt, warum er Friedhelm getötet hat?«

»Beck hat ihn erpresst, weil er ihn bei einem Überfall erkannt hat. Zufällig hat sich Beck an der Domsheide aufgehalten, als Tammo Frau Wernicke ausgeraubt hat. Friedhelm wollte ihn an der Flucht hindern, was ihm jedoch nicht gelang. Aber er hat Tammo am Ärmel erwischt, und dieser hat ganz fürchterlich geflucht, konnte jedoch entkommen. Da wusste Beck, wen er vor sich hatte. Und weil Beck in Sachen Erpressung schon bei Herrn Bruns erfolgreich war, dachte er sich: Das versuche ich auch bei Tammo.«

»Also war der Zettel, den Sie bei Tammo gefunden haben, tatsächlich von Friedhelm Beck.«

»Korrekt. Es war eine Aufforderung, ihm wieder Geld zu geben.«

»Und der Finger?«

»Den hat Tammo der Mumie nur aus Vergnügen an der Sache abgeschnitten.«

»Wie ekelhaft! Friedhelm war also auch nur ein übler Erpresser und Ehebrecher.«

»So sieht es aus. Und er hatte Erfolg, Tammo musste ihm regelmäßig einen Teil der Beute überlassen. Darüber hat sich bei unserem Räuber eine riesige Wut entwickelt, schließlich brauchte er das Geld vor allem für seine Verluste beim Glücksspiel, wie ich vermutet habe. Und der Küster wollte ebenfalls seinen Anteil haben. So hat sich bei Tammo einiges zusammengebraut, und als er Beck auch noch im Bett seiner liebsten Barbara liegen sah, gerade als er mit dem Verlobungsring um ihre Hand anhalten wollte, gab es kein Halten mehr. Das Bügeleisen stand griffbereit parat, er musste nur zuschlagen. Den Verlobungsring hatte er vorher aus dem Bleikeller geholt und war durch den Tunnel in die ›Krabbe‹ gegangen. Darum hat ihn an dem Abend niemand gesehen, als er die Treppen hochstieg. Es muss kurz nach halb sechs gewesen sein, als Barbara gerade mit dem Essen zu Marga ging. Nach dem Mord ist er durch den Tunnel zurück in den Bleikeller geflohen, hat den Küster angetroffen und ihn überredet, ihm ein falsches Alibi zu geben.«

»Wie ungeheuerlich, dass er dem Küster den Mord in die Schuhe schieben wollte«, erinnerte ich mich an die Vernehmung von Otto Nägele.

»Oh, das wollte er gar nicht, das war nur eine Finte von mir, und Nägele ist sofort darauf angesprungen.«

»Wie, Sie haben das alles erfunden?«

»Selbstredend, mein Freund. Es war die beste Möglichkeit, den Küster zum Sprechen zu bringen.«

»Was ist mit Sven?«

»Sven Schnakenberg ist aus dem Gefängnis entlassen. Nach Tammos Überführung hat er zugegeben, dass er am fraglichen Abend im Zimmer von Barbara war, doch Beck war bereits tot. Er hat ihn umgedreht, um zu prüfen, ob er noch lebt, dabei sind ihm die Pfefferkörner aus der Tasche gefallen. Dann hat er schleunigst die ›Krabbe‹ verlassen. Gustav Kirchner ist ebenfalls von jedem Verdacht reingewaschen. Er hat die Wahrheit gesagt, der Binnenschiffer hat zuerst Sven beobachtet und war dann als Dritter bei der Leiche.«

»Und dann kam Line Beck.«

»Exakt. Doch lassen Sie uns den Abend genießen und meine letzte Flasche Whisky leeren, es wäre schade um den guten Tropfen. Und wie ich sehe, tragen Sie meine Strickjacke.«

Augenblicklich machte ich Anstalten, die Jacke auszuziehen, um sie Holmes zurückzugeben.

»Aber nein, behalten Sie die Jacke als Andenken an unsere Abenteuer. Ich sehe, dass sie Ihnen gefällt und Sie sie gerne tragen.«

So bin ich also zu einer englischen Strickjacke, wunderbaren Erinnerungen an spannende Abenteuer und einem neuen Freund gekommen. Wir ließen den Abend in den gemütlichen Sesseln vor dem wärmenden Kaminfeuer ausklingen. Holmes war dabei ungewöhnlich redselig und erzählte von einigen Ermittlungen in London, die er mit Erfolg geführt hatte. Je länger wir dem Whisky zusprachen und je stärker der Pfeifen- und Zigarrenrauch den Raum vernebelte, desto sentimentaler wurde ich. Der Abschied von dem berühmten Detektiv Sherlock Holmes fiel mir entschieden schwer.

Es war Ende Januar, und die Tage wurden wieder heller, als Vater und ich am Sonntagabend friedlich nebeneinander im Wintergarten standen und in das Schneetreiben auf der Straße schauten. Wir hielten beide ein Glas Rotwein in der Hand, ich trug die Strickjacke von Holmes, und mein Vater prostete mir zu: »Du hast zusammen mit diesem Detektiv Sherlock Holmes Beachtliches geleistet, wurde mir erzählt. Die ganze Stadt redet von nichts anderem mehr als von der Überführung des Räubers und Schnoor-Mörders Tammo Hartje. Und überall heißt es, dass du zusammen mit dem Londoner

Detektiv den Räuber unter Einsatz deines Lebens überwältigt hast.« Er blickte bei diesen Worten auf meinen bandagierten Arm. »Respekt, mein Junge, du hast mehr Schneid, als ich dir zugetraut habe!«

»Danke, Vater. Aber die Lorbeeren gebühren eindeutig Sherlock Holmes, er ist wirklich ein großer Detektiv.«

»Nun stell dein Licht mal nicht unter den Scheffel. Aber jetzt ist er ja nach London zurückgekehrt, und Familie Brehm ist wieder gegenüber eingezogen.«

Mir schwante Böses, und ich blickte zu den hell erleuchteten Fenstern auf der anderen Straßenseite hinüber. Sophie war mit ihrer Mutter vor drei Tagen in Bremen angekommen und lebte nun wieder gegenüber in der Schönhausenstraße. Ich schwieg.

»Ich habe gehört, dass Sophie und ihre Mutter das Haus geerbt haben«, fuhr Vater fort.

»Nun ja, das ist wohl so.«

»Und wie steht es mit deinen Gefühlen für die junge Dame?«

Ich blickte meinen Vater von der Seite an. Wollte er gerade in diesem recht harmonischen Moment einen Streit vom Zaun brechen?

»Sie sind unverändert«, erklärte ich trotzig.

»Gut«, sprach mein Vater mit einer feierlichen Stimme, die ich seit dem Tod meiner Mutter nicht mehr an ihm wahrgenommen hatte. »Dann steht eurer Verbindung von meiner Seite nichts mehr im Wege.«

Die Deutsche Nationalbibliothek verzeichnet diese Publikation in der Deutschen Nationalbibliografie; detaillierte bibliografische Daten sind im Internet über http://dnb.dnb.de abrufbar.

Carl Ed. Schünemann KG
Zweite Schlachtpforte 7 | 28195 Bremen | Deutschland
Kontakt: Telefon: +49 (0)421 36903-0
E-Mail: kontakt@schuenemann-verlag.de
www.schuenemann-buchverlag.de
2. Auflage 2025

Gesamtherstellung: Carl Schünemann Verlag
Lektorat: Monika Thiele
Satz und Buchgestaltung: Karin Hannemann
Umschlagfoto: Staatsarchiv Bremen
Fotograf: Hermann Kippenberg

Printed in EU 2025 | ISBN 978-3-7961-1212-6
Verantwortlich für Produktsicherheit: Daniela Kracht
E-Mail: kontakt@schuenemann-verlag.de | Telefon: +49 (0)421 36903-0

Druckprodukt mit finanziellem
Klimabeitrag
ClimatePartner.com/12995-2509-1012

Besuchen Sie uns auch auf Instagram und Facebook.